La experiencia LEAN

José María Arcas

La experiencia LEAN

La experiencia práctica y el sentido
común aplicado a procesos de cambio
y mejora de la competitividad

José María Arcas

© 2016, José María Arcas

ULTRA LEAN PROCESS
Tel. (+34) 646 425 980
info@ultraleanprocess.es
www.ultraleanprocess.es

ISBN-13: 978-1523285532
ISBN-10: 1523285532

Impreso por CreateSpace

Reservados todos los derechos. No se permite la reproducción total o parcial de esta obra, ni su incorporación a un sistema informático, ni su transmisión en cualquier forma o por cualquier medio (electrónico, mecánico, fotocopia, grabación u otros) sin autorización previa y por escrito de los titulares del *copyright*. La infracción de dichos derechos puede constituir un delito contra la propiedad intelectual.

*Dedicado a la memoria de Paco M. Tarocher,
con quien aprendí tanto de humanidades como de Lean.*

Agradecimientos

Mi agradecimiento para quienes a lo largo de mi trayectoria me han proporcionado experiencias buenas y malas, que son la base de este libro.

No puedo dejar de mencionar a mi familia, a la que le he robado tiempo y, sobre todo, a Dagmar, mi mujer.

También a los sufridos amigos que han leído y releído los borradores y que me han ayudado a que este libro no sea una amalgama de ideas sin orden: Paco González, Francesc Ramos y Josep Morell; a todos ellos, gracias.

El pesimista se queja del viento.
El optimista espera que cambie.
El realista ajusta las velas.

George Ward

ÍNDICE GENERAL

Agradecimientos..9

Preámbulo 15

Capítulo 1. POR QUÉ LEAN 19

Capítulo 2. DIFICULTADES PARA LA APLICACIÓN
DEL LEAN..45

Capítulo 3. ASPECTOS A TENER EN CUENTA
ANTES Y DURANTE LA APLICACIÓN
LEAN..67

Capítulo 4. LA GESTIÓN DEL CAMBIO
Y LA APLICACIÓN LEAN........................127

Capítulo 5. MEDIBLES Y HERRAMIENTAS LEAN....143

Capítulo 6. LAS HERRAMIENTAS DEL LEAN............163

Sobre el autor...271

Sobre Ultra Lean Process...................................273

Preámbulo

Este libro es ante todo el resultado de más de quince años de experiencia en la aplicación de las técnicas y herramientas Lean en empresas de todos los tamaños y en entornos altamente competitivos del sector del automóvil.

Es, pues, un libro fruto de las experiencias buenas y malas, no un libro teórico ni academicista.

Antes de aplicar los conceptos Lean durante veinticinco años, mi forma de aplicar o ejercer la organización era la clásica de principios típicamente *tayloristas*. Mi evolución hacia la aplicación de conceptos Lean representó un salto cualitativo y cuantitativo en los resultados que me permitieron ampliar mis capacidades y eficacia.

En este libro podrán seguir, en un primer bloque, la situación y aplicabilidad de esta filosofía o modelo de gestión.

En el segundo bloque, las dificultades que se oponen a su aplicación.

En el tercer bloque, los aspectos a tener en cuenta antes y durante la aplicación Lean.

En el cuarto bloque se desarrolla el proceso a seguir para la gestión del cambio.

En el quinto bloque se definen los medibles de control y gestión más usuales.

En el sexto bloque se desgranan y se explican las herramientas más usuales que se aplican en el Lean.

MI DEFINICIÓN DE LEAN:

Filosofía o modelo de gestión que tiene como objetivo lograr productos y servicios con calidad total, robustos, al minimizar los recursos para su obtención y con reducción de plazos de servicio.

El resultado esperado se traduce en el logro de la satisfacción del cliente con garantía de repetitividad, plazos ajustados y todo ello por la creación de procesos robustos y sin desperdicios.

Los principales desperdicios:
- defectos
- esperas
- *sobre*stocks
- sobreproducción
- transportes
- averías
- excesos de materiales
- *scraps*
- sobreprocesos
- urgencias/emergencias
- incumplimiento de plazos

Son tratados y analizados mediante el uso de herramientas de mejora continua entre las que destacan kaizen, 5S, TPM, etc.

En muchas definiciones se habla de *Lean Manufacturing* o producción esbelta, ajustada, etc. Pero, aunque es cierto para la producción, yo prefiero hacer una definición más amplia, puesto que no es solo válida para producción (*manufacturing*) y el concepto ha de ampliarse a los modos de gestión y servicios.

La aplicación nos ha de llevar a operar **Kanban,** tanto en el aprovisionamiento como en los procesos internos; **Pull** producción solo lo que el cliente precisa; justo a tiempo **JIT** (*Just In Time*), ni producido antes ni después. Esto nos lleva a lo que se entiende por *producción esbelta* y, de un modo genérico, producir solo la cantidad pedida por el cliente y en flujos de mínimas unidades de proceso.

Para que esto sea posible, hay que lograr trabajar con calidad total, con procesos robustos, flexibles, sin desperdicios y con orientación total al cliente.

El sistema tiene su origen en los trabajos de Shigeo Shingo y Taichi Ohno en Toyota, lo cual llevó a la creación del Toyota Production System (TPS).

Posteriormente, la palabra *lean*, como aglutinante de las herramientas, fue empleada e hizo fortuna en el libro *La máquina que cambió el tiempo*, de J. P. Womack y Daniel Jones, publicado en 1990.

Gestión es hacer las cosas bien.
Liderazgo es hacer las cosas.

Peter Drucker

Capítulo 1
POR QUÉ LEAN

En esta parte se exponen tanto los estados como las oportunidades para la aplicación del Lean en las empresas.

1.1. COMPETITIVIDAD Y LEAN 21
1.2. EL PRECIO Y EL COSTE 23
1.3. EXPERIENCIA LEAN 26
1.4. GESTIÓN Y LEAN 29
1.5. FIJAR PRIORIDADES PARA LOS RECURSOS 32
1.6. LOS RECURSOS CON QUE CONTAMOS 34
1.7. OBJETIVO Y ESTRATEGIA 37
1.8. ¿DÓNDE APLICAR LEAN? 41

1.1. COMPETITIVIDAD Y LEAN

Hoy más que nunca, las empresas de Occidente precisan dar un salto importante de competitividad si lo que quieren es sobrevivir a la globalización y a la competencia de los países emergentes con unos costes operativos y de estructura muy bajos.

El salto es posible y ser altamente competitivos también. Para ello, hemos de mejorar en productividad y calidad de un modo claro y agresivo.

En muchos foros y en los gobiernos se apuesta por las medidas tradicionales de reducciones salariales, contratos basura, trabas burocráticas al emprendimiento, como si esto fuera a darnos la competitividad necesaria. Dichas soluciones o propuestas no solo no mejoran la competitividad, sino que a largo plazo pueden matarla.

Si la diferencia de costes de mano de obra directa (MOD) entre los países desarrollados y los países emergentes es de, como mínimo, 1 a 4 del coste total de una hora de operario (10 € y mucho más en países desarrollados; de 2,5 € hasta 4 € en países emergentes respecto a salarios medios, incluidos costes de empresa); pasar a reducciones del 10 % y que el coste sea de 9 € sigue siendo insuficiente para salvar este *gap*.

Por el contrario, economías como la alemana y empresas importantes pagan salarios superiores (muy superiores a los 10 € / hora) y son muy, pero que muy competitivos. Por tanto la respuesta no está en los salarios, la respuesta está en la productividad y la calidad totales.

La productividad total no solo se refiere a la del personal de producción, sino a todos los niveles de la empresa (Administración, Compras, Desarrollo, I+D, Marketing, Calidad, etc.). También a la productividad del país, pues este dota de recursos a la sociedad y persigue la racionalidad en el gasto y en las inversiones productivas, así como en los servicios, siempre con criterios de racionalidad, mesura y servicio, y no aquellas que están orientadas solo al despilfarro y los votos.

Por tanto, si hemos de obtener mejoras en competitividad, hemos de aplicar en todos los ámbitos económicos de la sociedad y en todas direcciones criterios de productividad y calidad. Esto no significa en modo alguno la reducción de los servicios, sino, muy al contrario, la mejora de estos gracias a la aplicación dela mejora continua y de los criterios Lean en todo el ámbito económico. Hoy la frontera entre lo económico y lo social es ya muy difusa, pero sin duda una buena gestión de nuestros recursos será una buena gestión social; hay países que conjugan ambas de forma excelente, pensamos en los países nórdicos. Qué duda cabe que se puede y se debe aplicar Lean en la administración de todos los ámbitos de gestión, ya sean locales, provinciales, autonómicos, nacionales, etc. Se puede aplicar en los servicios hospitalarios, no para recortar derechos asistenciales, sino para racionalizar el gasto y la optimización de las instalaciones y de los recursos humanos para aumentar y mejorar los servicios y, por supuesto, en todo el tejido empresarial o productivo, desde el sector primario de minería, agricultura y pesca, al sector industrial, al de servicios y también al financiero. Un proceso Lean cuenta y ha de contar con los propios empleados, ya sean funcionarios de la Administración o personal de hospitales (es un ejemplo); es decir, personal de todos los sectores, cada uno en su ámbito y empresa. ¡Ah!, se me olvidaba, en nuestra vida familiar, también.

Lo anterior expresa una necesidad y un objetivo, pero no explica qué finalidad tiene este libro; libros con conceptos Lean ya hay muchos.

Lo que quiero reflejar en este libro son aquellos aspectos, tanto previos a la aplicación de sistemas Lean como el porqué en muchos casos estos o fallan o no aportan todo el resultado que cabe esperar.

Las anécdotas vividas son muchas, pero puedo explicar una en que en la empresa se habían obtenido todas las certificaciones de calidad, se había creado un responsable de aplicación Lean, se intentaban aplicar las herramientas Lean, pero toda la empresa era un gran caos: los pasos previos para la aplicación de la mejora continua no se habían dado. El paso previo era «LA MEJORA» en mayúsculas, que era el replanteamiento global de la empresa, de sus flujos y de la creación de una base mínima estable sobre la que trabajar. Es como cuando queremos limpiar una habitación y empezamos por fregar le suelo, después retiramos las cosas que están por los suelos, después con un plumero limpiamos el polvo, etc. Como se ve, el orden es el inverso. Pues bien, intentar aplicar Lean en una parte de la empresa sin primero parar el caos es un trabajo condenado al fracaso y a la frustración.

1.2. EL PRECIO Y EL COSTE

Hoy más que nunca en el mundo globalizado, el precio de venta no lo fija el vendedor, lo fija el mercado de un modo muy claro y las ventas están limitadas por cuán competitivos seamos. Los cuatro parámetros de evaluación son:
- precio
- calidad
- innovación
- servicio

Y los cuatro en conjunto no son disgregables. Lo que nos distingue es la relación entre los cuatro y nuestra capacidad de aportarlos.

En primer término, en el que se basa la economía de la empresa, es el precio de venta que, como ya he expresado, hoy lo fija el mercado.

Tradicionalmente, la fijación de un precio venía dada por la agregación de costes a un producto y de un margen de beneficio así:

Materiales + MOD + Costes Indirectos + Amortizaciones + Energías + Beneficios = Precio

Hoy el concepto es radicalmente inverso:

Precio de mercado − Beneficios = Total Costes

El precio es el que es según la posición en el mercado, descontando el que este valora por nuestra calidad, nuestra innovación y nuestro servicio. Claro está que cuanto mejor perciba el mercado estos distintivos y los valores en nosotros, mejor será nuestra posición de precio y por tanto de absorción de costes.

¿Por qué hablo de absorción de costes y no de beneficios? Porque no se puede renunciar a la obtención de una tasa de beneficios adecuada que permita, por una parte, retribuir al capital invertido en un justo valor de mercado, crear los fondos para el crecimiento, tener balances saneados y reducir o eliminar la dependencia financiera exterior. No, no hay que avergonzarse de tener beneficios, puesto que, si el mercado nos percibe como una empresa en pérdidas, nos expulsará de él.

Llegados a este punto, nos queda todo el amplio espectro de la gestión de la compañía para lograr cuadrar, en todas las áreas y funciones, la ecuación que es tener los costes mínimos o mejores que lo que nos fija la ecuación. Siempre hay algún mánager que cree que se obtendrán bajando la calidad y cantidad de los materiales, de los procesos de baja robustez con mano de obra barata y fluctuante, sin servicio posventa, sin investigación. Lo que le ocurrirá es que será una carrera al precipicio sin freno, puesto que el producto obtenido, y que se pretende vender al mercado, le dará un valor menor y, por tanto, un precio menor; la ecuación cambiará otra vez, pero a peor, y, como consecuencia, la marca y posición de la empresa serán percibidas en el mercado como mal producto y mala calidad.

La solución es todo lo contrario y es la aplicación de estrategias de mejora continua que mejoren de forma sustancial los costes de la empresa, mejoren la calidad y la innovación.

Estas estrategias pasan por la aplicación de herramientas Lean en toda la compañía, no solo en la manufactura, en todos los ámbitos de la empresa. Este programa se denomina «Ultra Lean» porque interviene en todos los ámbitos de la empresa, desde la gestión de ventas al diseño, desarrollo, compras, gestión corporativa, producción, ingeniería, logística, RR. HH., etc. para lograr una gestión Lean completa, reduciendo en todos los puntos lo que no aporta valor a la gestión y al resultado.

La mejora continua ha de darse en todos los aspectos de la gestión empresarial y será el modo de que nuestros productos incrementen su valor, disminuyan los costes y mejoren el margen. A su vez, la empresa se percibirá en el mercado en posiciones de referencia en liderazgo, calidad, servicio y competitividad.

La intervención, pues, ha de ser clara y rotunda en:
- La reducción de costes en todos los ámbitos de la empresa.

- Calidad interna y calidad percibida por el mercado.
- Desarrollo y aplicación de innovación que aporte valor añadido a nuestros productos.
- Servicios para que nuestros clientes nos perciban como un *partner* en sus negocios.

La mejora de cada uno de estos puntos no contradice la de los demás; así, por ejemplo, la reducción de los costes no solo no ha de ir contra la calidad, sino que, por el contrario, ha de mejorarla por la formulación de procesos robustos, por la reducción de los costes de no calidad, por la fiabilización del producto, etc.

Mejor productividad no ha de ser *menor calidad*, sino todo lo contrario; mejorar la calidad no ha de ser perder productividad y esto se consigue con herramientas Lean y una mejora continua.

Otra contradicción se ve en la mejora de la gestión, que se asocia automáticamente con aumentar el control y con una mayor burocracia, en lugar de aplicar estandarización y reducción de costes administrativos o trámites burocráticos por análisis de flujos de información sencillos y claros.

Estas contradicciones no son tales, pues se pueden mejorar la gestión y el control al aplicar análisis Lean y crear instrumentos ágiles, sencillos y, sobre todo, fiables.

1.3. EXPERIENCIA LEAN

Después de más de quince años transformando empresas de todos los tamaños, desde los procesos industriales clásicos, a sistemas Lean, he podido comprobar la validez y la potencia de esta «filosofía» con respecto de la sistemática tradicional.

Lo logrado ha sido:
- Mejoras de productividad constante a una medida superior del 15 % anual.
- Reducciones de *Working Process* de más de un 50 %.
- Reducciones de necesidad y espacio en más de un 30 %.

Estas empresas formaban parte de multinacionales que producían para el sector directo del automóvil, suministrando al primer equipo. En todas ellas, en mayor o menor medida, se «usaban» herramientas Lean, pero ninguna operaba bajo esa filosofía ni en su formación de procesos, flujos, análisis o gestión de valores y medibles, aunque sí simulaban estar en ellos. En estos casos, lo realizado fue hacer que se aplicaran de forma real y no ficticia.

Todo lo anterior parece una gran paradoja: «usan» las herramientas pero no son Lean.

Se observará que *usan* y *usaban* están entrecomillados y este es el elemento clave. Todas estas empresas están sometidas a auditorías de calidad ISO.9001 o ISO TS, que definen la empresa por procesos o flujos, algo que está muy bien, pues se direccionan en la línea Lean, ya que se revisan aspectos de orden y limpieza, conceptos como 5S, mantenimiento en TPM, preventivo, correctivo, productivo; también, el uso del PDCA, el análisis de las devoluciones con un 8D u otra herramienta similar, según clientes, etc.

No parece que el párrafo anterior aclare la paradoja, pero es la paradoja.

Cuando se espera una auditoría o una visita, ya sea de clientes o de auditores de los sistemas de calidad, estas herramientas se desempolvan, se rellenan de datos, se manipulan, se maquillan y se presentan como algo que se utiliza de forma sistemática; se limpia la fábrica, se actualizan o se crean gráficos que, en muchos casos, no resisten ningún análisis, etc.

La realidad es que los auditores o no son capaces de detectar, al ver la planta, que todo es superficial, o, si lo detectan, desvían un tanto la mirada. Esta picaresca que se aplica en todas las empresas en mayor o menor medida es un lastre para la correcta aplicación Lean.

Fíjese que, en la mayoría de las empresas, quien lidera las auditorías son los departamentos de calidad y que el resto son meros apoyos para pasar la visita/auditoría, y que es en los sistemas de evaluación de la calidad donde se habla o se hace referencia a las exigencias o usos de herramientas Lean. Por tanto, en el fondo, todos contentos; el objetivo es pasar las auditorías y las visitas, inundarlos de datos, y seguir como ayer. Pero en ningún lado se habla del uso correcto y sistemático de las herramientas y del objetivo real, que es el beneficio de la compañía mediante su principal motor: la fábrica, que se utiliza, no como motor, sino como escenario de la obra de teatro.

Más adelante haremos hincapié en algunos aspectos que ahora solo enumeraré de pasada. A la fábrica se le pide generar mucha información que nadie analiza, se presentan más indicadores y medibles de los que se precisan (dar volumen al teatro), se recargan la información y los datos al convertir a los operarios en administrativos que no ven y no conocen el valor (si es que lo tiene) de la información que generan. Finalmente, es una labor mecánica, desmotivadora y, en muchos casos, falsa.

El otro gran problema es que no existe una forma fácil de explicar por qué, cuándo, cómo, etc. aplicar cada herramienta. Todo el mundo mira los libros que se han generado a partir del sistema Toyota, dirigidos a especialistas que pocas veces bajan a la aplicación y, si lo hacen, es en grandes compañías, lo que aleja a las medianas y pequeñas empresas de su aplicación al creer que esto no es para ellos.

En otros casos, una compañía de consultoría da una formación, hace un taller de aplicación, pero, pasado el momento de ebullición, el sistema se va dejando caer y es la propia alta dirección quien recorta recursos en un área que, de funcionar correctamente, será el mayor generador de beneficios. A esto se añade que en muchos casos falta un gestor del cambio competente, que crea en el cambio, al que se le dé capacidad para cuestionar todos los flujos a todos los niveles, al que se le apoye en la labor de simplificar para mejorar eficiencia, eficacia, calidad y costes.

Es necesario un profundo cambio de paradigma, rompiendo con el «siempre se ha hecho así». Como ven, la aplicación de la filosofía y la gestión Lean cuenta con potentes enemigos:

- Estructuras afianzadas al modo de hacer tradicional en toda la cadena, desde la alta dirección al último trabajador.
- Simulación de aplicación que, junto a lo anterior, son los peores enemigos.
- Flujos de información densa y poco o nada operativos.
- Personal poco motivado.
- Desconocimiento de la filosofía Lean.
- Falta de líder.

1.4. GESTIÓN Y LEAN

Después de la visión de algunos de los porqués o de las razones para que no se trabaje en modo Lean, vamos a recordar primero cuál es el concepto básico de la gestión.

Gestión es el arte de la administración de los recursos **escasos** obteniendo de ellos el máximo resultado.

Es muy importante tener presente el concepto de *recursos escasos*, puesto que en todo momento habráque elegir (gestionar) en qué los emplearemos para que el resultado final sea maximizar el beneficio a corto y largo plazo.

Cuando una organización tiene recursos excedentes, difícilmente tendrá un ratio de resultado/productividad que sea el óptimo alcanzable, puesto que los recursos, si son excedentes, se convierten en ociosos —ojo, todos los tipos de recursos de la compañía— puesto que no están reinvertidos, orientados para crear más valor.

Hay que distinguir que *recursos escasos* no significa *recursos miserables o inexistentes*. En las épocas de bonanza, las empresas dilapidaron recursos en actividades que no generaron valor o, sencillamente, se han excedido y, al llegar las crisis, las de ciclo habitual y sobre todo las agudas, su política ha sido de recortes hasta que la empresa es inoperante.

Me gusta decir esta frase en las épocas buenas: «Cuando somos ricos, no lo somos tanto (gasta lo que necesites y no más); cuando somos pobres, tampoco hemos de ser miserables».

Para explicar esto, es fácil de reconocer en muchas empresas varias casuísticas de la época de bonanza:
- Sobreinversiones en máquinas que nunca se hubieran precisado de tener un buen mantenimiento y que la necesidad productiva nunca precisó.
- Salarios y sueldos sobredimensionados sin ninguna contrapartida en productividad real.
- Excesos de plantillas indirectas con un peso excesivo de la estructura respecto de la capacidad productiva.
- Desinversión pasando recursos económicos a sectores especulativos que dejan a la empresa sin fondos.

- Mantener financiación exterior o alto endeudamiento, consecuencia de la desinversión.

La no gestión del *stock* o de los espacios, y las empresas sobredimensionadas y un largo etcétera serían también ejemplo.

¿Qué ha pasado en todas las crisis?

Que se ha recortado en muchos de los puntos que pueden resolver la crisis y que son:

- Organización. Se recortan o suprimen los departamentos de organización que habrían de ser el arma más potente para racionalizar la gestión.
- I+D+i. Al igual que en el punto anterior, ofreciendo productos novedosos y de alto valor añadido se puede salir de la crisis, pero en general se recorta y se suprime.
- Marketing. En algunas empresas se ha pasado a eliminar estas áreas en lugar de potenciar nuevos mercados.
- Mantenimiento. Se deja que las instalaciones se degraden y pierdan productividad.

¿Qué no se ha recortado?

- Las estructuras de costes e indirectos.
- Los altos salarios.
- Administración innecesaria.
- Lo que son costes que no aportan valor o siendo este escaso.

Claro que, en algunos casos, las áreas recortadas precisaban de una reestructuración y actualización, como si las acciones o los proyectos de I+D+i estuvieran alineados o no con el negocio y los mercados de nuestra empresa, o si el marketing es el adecuado y se ha de orientar hacia otros modos y mercados.

Pero replantearse eso no significa cortar o eliminar, puesto que de ser así estamos cortando los caminos del futuro.

En todo momento tenemos, en mayor o menor medida, recursos escasos; eso quiere decir que no tenemos recursos para todo y, siendo así, hay que elegir en qué los invertimos.

Otro detalle: «Siempre existe algún recurso, solo hay que elegir para qué quiero usarlo».

Es habitual encontrar empresas que quieren resolver todos los problemas a la vez y lo que encuentras en ellas es una organización desquiciada, fruto de una dirección inhábil, que decide por modas o por impulso. Lo que se observa es un colectivo de personas que corren y corren mucho sin saber hacia dónde van, porque van a todas partes a la vez y corren como pollos descabezados.

Pero también se observa el aspecto contrario: «No tenemos recursos y no hacemos nada a la espera de que los problemas no se repitan». Este es el modelo avestruz.

Los dos modelos son mayoritarios. Uno va de la mano del caos, el otro, de la mano del «destino» o de la suerte, pero los dos conducen al fracaso.

1.5. FIJAR PRIORIDADES PARA LOS RECURSOS

En cualquier caso, hay una herramienta muy sencilla y que tiene escaso uso, y eso que hoy los sistemas informáticos nos permiten listar de mayor a menor cualquier dato de la empresa.

Esta herramienta es el **abc** y es aplicable a todas las magnitudes económicas de la empresa y en nuestra vida particular.

Veremos que un 15 % o menos de nuestros productos generan hasta un 60 % de nuestro valor de venta que, en proporciones similares, se encontrarán los stocks, los gastos, los costes de no calidad, las compras, etc.

Esta primera herramienta es un excelente método para visualizar hacia dónde hay que encaminar tiempo, acciones, recursos, etc.

Si elegimos correctamente pocos recursos, estos pueden tener un efecto multiplicador muy rápido e importante.

¿Cuántos mánager tienen sobre su mesa estos abc? Son fáciles de obtener y actualizándolos cada cuatro o seis meses es suficiente para tener una foto de nuestras oportunidades. Y lo que es más, ¿cómo sabe usted que está aplicando sus recursos en la dirección adecuada?

Algún mánager dirá que hoy está más pendiente del estado financiero y de las ventas que de estas instantáneas de la empresa. Pero es que los costes financieros son un gasto más de la compañía. Si reduce los costes del 15 % de sus productos, mejorará el margen; si reduce los costes de no calidad del 15 % del mayor volumen, mejorará liquidez; si mejora y reduce los stocks del 15 % de los productos de más valor del almacén y en curso, aumentará liquidez; si ataca los precios de compra del 15 % de los productos de mayor valor de compra, mejorará costes y todo ello redundará en mejorar el problema financiero. Seguro que no será suficiente, pero será el único camino propio para mejorar y ser más competitivo.

Como hemos visto, es fácil elegir objetivos y marcar, en función de nuestras capacidades a, qué altura del abc queremos atacar.

Con pocos recursos atacaremos los puntos más altos y con más recursos, los puntos más bajos.

¡Ojo! Algunas precisiones:
- Que tengamos pocos recursos no significa que no tengamos ninguno.

- Que tengamos muchos recursos no significa que ataquemos problemas más allá de lo que marca el equilibrio del coste/beneficio. Quiere ello decir que si el beneficio esperado es menor que el coste de generarlo, empleemos esos recursos en otros objetivos más rentables.
- Ahogar los recursos ampliando el campo de objetivos solo llevará al punto de «pollos descabezados».

1.6. LOS RECURSOS CON QUE CONTAMOS

En el punto uno, se habla de recursos en general; en este punto vamos a analizarlo con más detalle.

Estos recursos de que dispone, en mayor o menor medida, cualquier empresa son:
- económicos
- humanos
- máquinas y equipos
- espacio
- consumibles

De todos ellos, el más importante es el humano, los demás son consecuencia de este, puesto que es el factor humano con sus decisiones y acciones el que conforma el equilibrio o disponibilidad de estos.

Para la mejora son precisos todos, pero una mejora inteligente es la que obtiene resultados consecuentes de las ideas y no del dinero. Se pueden hacer grandes cambios por poco dinero y estos son los mejores. Esto quiere decir que hay que partir del capital humano, de **todo el capital humano** de la empresa, y es aquí que he de explicar una anécdota que viví en primera persona hacia el año 1980 y que marcó mucho mi visión de las capacidades humanas. Es la siguiente.

En una reunión con el director general de una multinacional alemana en España y con otro directivo, discutíamos sobre la estrategia a seguir sobre un aspecto de cambios. En estas, le contesté que creía que el personal de producción no sería capaz de seguirnos en los cambios, puesto que era un proyecto complejo, a lo que este me hizo una reflexión:

> Usted, que conoce a la plantilla de producción, seguro que conoce a muchos operarios que tienen una casita (en ese momento recordé a varios y, en especial, a un carretillero muy eficiente, pero con poca preparación, que tenía una casa no muy lejos de la fábrica y que yo pasaba cada día por delante de ella) y que, para hacerla, primero compró un terreno que arregló y le puso un huerto. Después hizo una idea de la casa y se lo pasó a un arquitecto que la plasmaría en los planos; buscó albañiles, carpinteros, lampistas; compró materiales, negoció precios y plazos, y, siempre con poco dinero, controló las obras, los trabajos de los profesionales, los acabados y sobre todo el precio final. ¿Y usted cree que esto no es un proyecto complejo? Si han sido capaces de ello, ¿no cree que son capaces de realizar actividades más complejas?

Tuve que admitir que tenía razón, porque era verdad para aquel caso y para muchos más en la empresa y supongo que en otras más. No eran arquitectos ni ingenieros ni titulados y, en algunos casos, solo contaban con estudios primarios mínimos; sin embargo, gestionaron sus proyectos a su satisfacción y objetivo final, y con pocos recursos económicos.

Esto me ha hecho pensar y utilizar para la mejora, en muchas ocasiones, a todo el personal cualificado o no, y he obtenido resultados muy buenos, que redudaban a su vez en la motivación de este personal, el cual, en muchas ocasiones, ha aportado ideas y soluciones que ingenieros muy preparados no habían sido capaces de intuir y, por supuesto, a costes muy económicos. Esto refuerza la cohesión de todo el equipo y la motivación por el aporte de ideas transversales, con visiones diferentes. Supone un capital valiosísimo para la mejora continua, los resultados de la empresa y el crecimiento personal de los empleados.

Es cada vez más corriente ver en las empresas un importante grupo de ingenieros que gestionan —básicamente controlan— proyectos y cada vez utilizan menos su capacidad para ingeniar, verdadero objetivo de un ingeniero, en la realización de trabajos de alto contenido burocrático, desperdiciando de este modo recursos muy caros y valiosos, puesto que la labor de ingeniar cada vez es más escasa y de menor aplicación, excepto honrosas excepciones.

Por tanto, los recursos son toda la plantilla de la empresa participando en grupos de mejora.

¿Seguro que no hay entre cuatro y seis horas al mes de cada uno para dedicarlas a la mejora?

Una explicación es que «tengo trabajo», que «no llego con lo mío ¿cómo voy a *perder el tiempo* en mejorar algo?».

En la mayoría de los casos, refleja:

- Ineficiencia en el desempeño de su trabajo.
- Incapacidad de delegar.
- Un teatro para simular mucho trabajo.
- En muy pocos casos, carga real de trabajo.

Una medida que aplico es «poner enfermo a alguien». ¿Qué quiere esto decir? Si una persona se pone enferma por una simple gripe durante dos días, la empresa seguro que no se hunde y en realidad al final no pasa nada. Por tanto, si durante dos horas una persona *se pone enferma* y dedica el tiempo a la mejora, ya hemos obtenido tiempo.

¡Atención! Una actividad de mejora es analizar el trabajo de todos los «imprescindibles» y «sobresaturados» para ver cómo mejorar sus cargas y flujos. Probablemente, la mayor oposición venga de estos mismos, excepto en los casos de sobresaturación real en que la colaboración será total. Estos dos supuestos de «imprescindibles» y «sobresaturados» se dan más o casi en exclusiva en las áreas de estructura.

1.7. OBJETIVO Y ESTRATEGIA

¿Cómo podemos enfocar los recursos hacia un fin y usarlos de forma eficiente?

La cuarta acepción de la Real Academia Española (RAE) de *objetivo*, la precisa para este caso, es: «Finalidad de una acción». Es una acepción completa, pues exige un resultado fruto de una acción; por tanto, una finalidad sin una acción no tiene sentido.

Para *estrategia* he escogido esta definición: «Técnica o conjunto de actividades destinadas a conseguir un objetivo».

No en todos los casos estos dos conceptos, que son obvios, se tienen en cuenta.

En la empresa actual hay dos tendencias: la que solo tiene un objetivo —sobrevivir— y la que tiene tantos como se le ocurren al *top* directivo.

Los primeros, si no definen unos objetivos concretos que acompañen a este deseo que es sobrevivir, caerán en una dispersión de sus acciones que no les permitirá consolidar parcelas estables de su gestión y el proceso de descomposición será seguro y letal. Para los segundos, sucederá aquello de que «quien mucho abarca poco aprieta» y el resultado será similar al del primer caso.

Para un ejercicio, la cantidad de objetivos que lanza la dirección ha de ser limitada, concreta y coherente con el paso o el avance que se quiere dar para este y futuros ejercicios en la compañía. Esto puede implicar dejar algún objetivo para el próximo año y eso no siempre es malo, porque la saturación de objetivos puede conllevar que no se logren los que sí eran prioritarios o no en el nivel óptimo que hubiera sido deseable, **mas no siempre es mejor.**

Cada objetivo precisa de una estrategia que es un conjunto de actividades encaminadas a alcanzar el objetivo. Esta estrategia despliega y precisa de objetivos menores en rango que el objetivo principal. Estos objetivos también pueden considerarse *milestones* o hitos, en castellano.

Y a este punto quería llegar: definen un solo objetivo como «incrementar beneficio pasando del 5 al 7 % sobre las ventas», acaban de definir un objetivo claro, concreto y, ante todo, medible, contrastable. Pero para lograrlo hay que definir una estrategia que significará abrir los diferentes caminos para lograr el objetivo propuesto. Ejemplos: reducir costes de estructura en un 6 %; reducir stocks, pasando de dieciocho días a catorce de valor de almacenes sobre venta; reducir costes de producción en un 10 % y unos cuantos caminos más. Fíjense, se han generado subobjetivos que, a su vez, precisarán de estrategias, de acciones para lograrlos y que pueden y deben descomponerse en objetivos hasta llegar al nivel *individuo* que precisará, igualmente, de una estrategia para lograrlo. Pero eso no es suficiente. La estrategia ha de estar perfectamente encajada para todos los subobjetivos, cada uno a su nivel. Pondré un ejemplo para lo anterior: si el área de compras, para lograr su objetivo, pacta con sus proveedores lotes de compra y entrega para tres meses, esto genera un *sobrestock* que afectará al objetivo de logística y de finanzas para reducir stocks y mejorar la financiación a las necesidades de espacio y, tal vez, de personal de almacén y posibles obsolescencias de mayor volumen.

Un objetivo superior común puede verse afectado por los subobjetivos siguientes y estos entre sí, puesto que el objetivo de compras habrá elegido una estrategia que perjudicará a los objetivos situados horizontalmente respecto al suyo y a las estrategias de estos. ¿Quiere esto decir que la estrategia de compras es mala? *A priori*, ni sí ni no. Hay que encajarla con las otras y, si el beneficio o ahorro aportado es superior al conjunto del beneficio esperado en la estrategia general, puede ser válido y aceptable con la modificación de objetivos a las áreas afectadas por la estrategia de compras. Si no lo es, habrá que revisar la estrategia de compras y corregirla.

Lo definido o visto es un encaje de estrategias para obtener el que es el objetivo principal: la mejora en dos puntos del beneficio sobre la venta. Todos los siguientes son subobjetivos, consecuencia de las estrategias elegidas.

En resumen, una vez tenemos los objetivos establecidos, es necesario hacerse tres preguntas:

1. ¿Siempre que marcamos objetivos también establecemos estrategias?

2. ¿Tenemos un plan estratégico para nuestros objetivos y para la compañía?

3. ¿Lo hemos encajado y asegurado para que las tensiones no lo rompan?

Seguro que la cantidad de respuestas afirmativas son menores a cada pregunta y en algunas afirmaciones serían de dudosa robustez.

Más adelante aparecerá otra vez la importancia del plan estratégico que será necesario para otros aspectos.

Los objetivos son revisables según su evolución y las estrategias, aún más; pero siempre en el encaje del conjunto.

En muchas compañías se emplea mucho tiempo en negociar objetivos para definir estrategias y eso no asegura ni los objetivos ni los resultados finales al no estar estos encajados en el conjunto.

En algún momento, leí una frase que decía: «una empresa es un conjunto de **objetivos personales** que **a veces** conducen al beneficio». Y es muy cierto. Solo si el conjunto de objetivos y estrategias están encajados y alineados con las estrategias, aumentarán nuestras posibilidades de éxito.

Si no somos capaces de lograr un objetivo o implementar una estrategia, hay que replantear el impacto de esta sobre el conjunto y reformular dicho conjunto si es preciso.

Un plan estratégico no es algo que tiene cada uno en su cabeza, es un documento más o menos extenso en que queda plasmado el rumbo de un ejercicio si este plan define y abarca un periodo más largo de la compañía. Si no sabemos adónde vamos ni cómo vamos, no sabemos si nos moveremos, si llegaremos a buen o mal puerto ni cuándo o cuánto nos costará.

Un apunte final: el presupuesto es una plasmación de los resultados esperados según los objetivos y estrategias, y el cumplimiento económico de estos, un subobjetivo que también ha de alinearse con los objetivos. No podemos realizar un presupuesto al margen de los objetivos.

¿Y esto cómo afecta al Lean?

Cuando el Lean no forma parte del proceso de ejecución de las estrategias, estas pueden —y, de hecho, lo hacen— convertirse en procesos complejos que, en lugar de facilitar el adelgazamiento de los procesos o flujos, produzcan su engorde. El ejemplo anterior de estrategia de compras es una estrategia totalmente anti-Lean.

El Lean debería ser la filosofía y el hilo conductor que fue todo el proceso de la definición de objetivos y fijación de estrategias para lograrlos.

El cómo es vital y aquí el Lean es un elemento diferencial para conseguirlo.

1.8. ¿DÓNDE APLICAR LEAN?

Generalmente, cuando se hace referencia al Lean se hace pensando en el proceso productivo, desde los almacenes de recepción hasta los almacenes de expedición.

Es seguro que esta parte de la empresa ocupa el mayor espacio físico y que también tradicionalmente se ha ejercido un mayor análisis del trabajo desde la época y la filosofía taylorianas y hay que seguir en la mejora sin despreciar el análisis del método del tiempo, pero añadiendo la metodología Lean.

Pero, si ponemos en una columna la estructura del precio de venta de sus productos, en la mayoría de los casos se verá así:

100 %	Precio de venta
5 %	Beneficio o margen neto esperado
40 %	Costes de estructura, financieros, amortizaciones Servicios, desarrollo, etc.
35 %	Compra de materiales
20 %	Producción + Logística. Costes de no calidad

En la distribución anterior, el trabajo de Producción + Logística también se conoce como Operaciones.

A su vez, este tramo tiene la siguiente estructura:

100 %	Horas presencia contratadas
5 %	Absentismo más ausentismo
25 %	Horas improductivas Costes de no calidad
70 %	Horas productivas o que aportan valor al producto

Como observamos en este ejemplo, en un producto vendido a 100 €, 20 € corresponderían a los costes directos de operaciones —MOD + Energías + Costes de no calidad— siendo de 80 € el resto de partidas.

Si de este 20 % o 20 € analizamos como costes operativos, veremos que a su vez solo el 70 % de estos costes aportan valor: 14 €.

En el supuesto de que realicemos un trabajo de Lean Manufacturing en este último bloque y fuéramos capaces de generar una mejora de todos los campos...

Absentismo de	5 %	a	2,5 %
Improductivos y no calidad	25 %	a	12,5 %
Horas productivas necesarias	70 %	a	35 %

...el coste de 20 € pasaría a ser la mitad, 10 € de costes operativos y la estructura pasaría a ser:

	Inicial		Modificado	
Beneficio	5 %	5 €	15 %	15 €
Estructura	40 %	40 €	40 %	40 €
Compra material	35 %	30 €	35 %	30 €
Operaciones	20 %	20 %	10 %	10 €
Total	100 %	100 €	100 %	100 €

Está claro que la mejora habrá sido importante, aun siendo realizada sobre el 20 % del total. Pero si en partidas como estructura se aplicase Lean y sobre el 40 % se obtiene un 30 %, la mejora aportada será de (40 × 30) / 100 = 12 % o 12 €.

Si la mejora también se realiza sobre el apartado de compras (el Lean también puede aportar mejoras en este campo desde los costes de la compra hasta la intervención en nuestros proveedores para que sean más eficientes y obtengamos mejores precios) y en este se logra un 10 % el nuevo coste sería de un 31,5 % o 31,50 € o un ahorro de 3,50 €.

Con esto, la estructura del precio será de:

	Inicial		Modificado	
Beneficio	5 %	5 €	30,5 %	30,5 €
Estructura	40 %	40 €	28 %	28 €
Compra material	35 %	35 €	31,5 %	31,5 €
Operaciones	20 %	20 €	10 %	10 €
Total	100 %	100 €	100 %	100 €

Como ven, hay otros campos donde aplicar Lean que pueden dar tan buenos (o mejores) resultados que la aplicación a los costes e ineficacias de la MOD.

Mi consejo es ver la aplicación Lean para toda la organización; para:
- La ejecución de los proyectos.
- Los procesos administrativos.
- Los procesos de compra.
- La gestión de la calidad.
- Los procesos de venta.
- Los procesos de mantenimiento.

Son campos habitualmente sobredimensionados o ineficientes, no porque el personal sea ineficiente o no esté cargado de trabajo, sino que, como en los procesos de la fábrica, aquí los procesos no están optimizados ni estandarizados o realizan funciones innecesarias.

Por ello, cuando piensen en Lean, háganlo para toda la compañía y no solo para una parte de ella.

El Lean es una filosofía para la organización global que implica a **todas** las áreas de la empresa.

*Las nuevas opiniones siempre son puestas
a juicio y encuentran oposición, generalmente,
sin ninguna otra razón que la de ser nuevas.*

John Locke

Capítulo 2
DIFICULTADES PARA LA APLICACIÓN DEL LEAN

En esta parte se presentan los obstáculos más importantes para la aplicación del Lean.

2.1. SIEMPRE SE HA HECHO ASÍ 47
2.2. IMPOSIBLE 49
2.3. LA FUNCIÓN CREA EL ÓRGANO 51
2.4. LOS DUPONT Y DUPONT 54
2.5. LOS POLLOS DESCABEZADOS 57
2.6. MÉDICOS O VETERINARIOS,
     O CÓMO ES LA INFORMACIÓN 60
2.7. «LA PECERA» O LA ZONA DE CONFORT 62
2.8. LOS ALMACENES DISPERSOS Y LOS PAPELES 64

2.1. SIEMPRE SE HA HECHO ASÍ

Esta es una de las armas de destrucción masiva de empresas más eficaz y es mortal de necesidad.

Lo que tiene de valor hacerlo siempre así, de forma estándar, se convierte en el mayor enemigo de la mejora cuando esto se sacraliza y se hace inamovible. Esto ocurre en todos los ámbitos de la empresa, desde el presidente al último empleado. Impide el cambio del paradigma, aunque se reconozca que el paradigma habitual a veces falla. Todos se unen para que nada cambie en especial y sobre todo los *expertos* en ese proceso o función son auténticos defensores numantinos para que nada cambie o se analice de otro modo. Cualquier planteamiento fuera del esquema es *sacrilegio*.

He tenido a lo largo de estos años auténticas batallas con esta frase y con los que la sustentan y he de decir (soy muy tozudo) que finalmente los he ganado. Pero el esfuerzo y los recursos en tiempo empleados son ingentes y, salvo en algunos casos que cuando han visto la luz se han cambiado al nuevo paradigma, han seguido batallando para el retorno al viejo modo de hacer.

Cuando la visión del estado de la empresa, de sus métodos, procesos, estilos de trabajo y gestión se realiza desde el exterior o tomando la distancia adecuada, se perciben de modo más claro tanto las ineficiencias como los aspectos inadecuados o, a veces, pervertidos de los sistemas y las actuaciones diarias.

Esto no implica que desde la propia empresa u organización no existan individuos que sí ven y perciben que las formas y los procesos en todos los niveles son mejorables o directamente cambiables; lo que ocurre en estos casos es que la potente máquina del entorno con su arma «siempre se ha hecho así» repudia a estos individuos y los margina a la condición de guerrilleros de un cambio que casi nunca se produce.

Esta frase ha de ser combatida en todas las organizaciones, así como a los que la sustentan, pues son agentes del inmovilismo que lastrarán la evolución de la empresa hacia el estancamiento y su desaparición.

Atención, el enfrentamiento nunca es directo. La frase aparece ante la propuesta del cambio. Casi nunca se enfrentan directamente al cambio, pero al lanzar la frase comunican:

- Yo no creo en el cambio.
- Demostraré que como se hace siempre es mejor.
- Oiré pero no escucharé las propuestas del cambio.
- No estoy dispuesto a incorporar al sistema o al modo de hacer nada, aunque posiblemente algo me podría mejorar.

Hay algunas reacciones más, pero considero que estas son suficientes para ubicar la situación.

Otro punto a considerar en muchos de los casos es el «siempre se ha hecho así». Es en realidad un «siempre **lo he hecho** así», que cuanto más alto en la pirámide está quien nos lo dice, más difícil es romper la dinámica inmovilista. En algunos casos la frase va precedida de la palabra *imposible*, de la cual hablaremos en otro apartado.

Esta frase no la sustentan las organizaciones, lo hacen los individuos de modo personal o asociados colectivamente para que nada cambie o, como en *El Gatopardo*, de Giuseppe Tomasi di Lampedusa): «Cambiar todo para que nada cambie».

Esta perversión del cambio controlado para que nada cambie, de la que tantas lecciones proceden de los políticos, se da en las empresas.

Por esta razón en algunas ocasiones es preciso romper todo el mapa y recomponerlo con otros *jugadores*.

2.2. IMPOSIBLE

Esta es la peor palabra inventada por el ser humano y que ha matado más proyectos que las guerras y la crisis.

Cuántas cosas ocurren hoy con normalidad que hace no tantos años hubieran dado como respuesta «¡Imposible!» y podían llevar al que lo planteara a la hoguera:
- los avances médicos
- la electricidad
- la aviación
- los vuelos espaciales

Y un larguísimo etcétera.

Hoy se entiende que lo que es imposible es no morir y hasta para esta afirmación hay quienes, desde el ámbito de la medicina, están trabajando en la regeneración y el rejuvenecimiento de las células. Los científicos no hablan de imposible, hablan de no saber, no conocer.

En el 2013, el divulgador científico Eduard Punset afirmaba: «No está demostrado que tenga que morirme». Esta es una clara declaración de intenciones.

Pues bien, en nuestro quehacer diario en las empresas, esta palabra se da como razón cada día y en múltiples ocasiones, con lo cual se cierra la puerta al análisis y al trabajo de encontrar lo posible.

Pocas veces se dice «no sé», «no tenemos el conocimiento o la tecnología», etc. Siempre se mata el asunto con un imposible y con ello, la posibilidad de ir más allá, ya sea en la mejora, en los mercados, en la gestión, en los proyectos, etc.

Es una excusa o un razonamiento de prepotencia y de huida, cuando una actitud más humilde nos puede ayudar a ver otros horizontes.

En el mundo no estamos solos ni nuestros problemas son únicos y exclusivos. Otros, en otros lugares, los tienen iguales o similares y algunos de estos han decidido avanzar para hacerlos posibles y cuando lo consigan irán por delante de nosotros.

Si pensamos que algo es bueno, necesario y que aportará un avance sustancial, hay que trabajar para hacerlo posible con nuestro conocimiento y con el del resto del mundo (solos sabemos poco).

Por tanto, cuando se hallen ante esta palabra, replanteen la cuestión y a quién la responde.

Puede que:

- No sepamos.
- No estemos preparados.
- El coste supere al beneficio.
- El nivel técnico no esté, hoy, a este nivel.

Fíjense que remarco *hoy*, puesto que lo que hoy no conocemos mañana será de uso común.

¡Cómo nos reiremos dentro de doscientos años (sí, usted y yo en el 2215), cuando repasemos la lista de imposibles de hoy! ¡En ese año serán normales y hasta obsoletos! ¿Se acuerda alguien de las cintas de casete o de los videos de cinta, que hace cincuenta años eran el *boom* del mercado, un avance hace cien años impensable y hoy completamente obsoleto?

¿Cuántas grandes compañías han sucumbido por no haber hecho posible (ni intentado) aquel reto que su competencia sí logró?

Mala palabra *imposible*.

Para enfrentarse a la mejora continua hay que desterrar esta palabra.

Propongo sustituir esta palabra por el sentido de esta frase:

«Lo difícil lo hacemos fácil;
para lo *imposible*, tardamos un poco más».

2.3. LA FUNCIÓN CREA EL ÓRGANO

Esta frase no es del ámbito industrial, sino que lo es de la biología, pero tiene un reflejo en la empresa en muchos puntos que hay que descubrir.

Voy a intentar explicar en qué aparece este concepto en la empresa, pero que sería válido para la Administración Pública o para cualquier aspecto.

En una empresa, después de una reestructuración, quedó un administrativo sin carga de trabajo y sin asignación concreta. Era un empleado fiel e intachable, y el director le asignó una tarea que no era en origen necesaria, pero que servía para no degradar o humillar al empleado. La tarea consistía en revisar todas las facturas que cada día llegaban, contar cuántas eran, cuántas para cada tipo de valor de una escala que definió el director y cuántas por cada origen en función de la distancia del emisor respecto de la recepción a menos de 5 km, de 5 a 10 km, de 10 a 25 km, etc., según una tabla que también le había diseñado el director y todo ello en un informe pautado que cada día le pasaría el empleado al director.

Bien, hasta este punto, se ve claro que era un relleno sin valor, que no le ocupaba al empleado más allá de tres horas al día. Por tanto, el empleado empezó a elaborar estadísticas con estos datos y encontró otros datos que, a su vez, eran susceptibles de ser seguidos y analizados (días desde la recepción del producto o servicio hasta la recepción de la factura, posiciones distintas para cada factura y algunas más).

¡Ojo! He de recordar que el empleado era fiel, intachable y que ponía en su trabajo todo el empeño.

El documento fue ampliándose y de una hoja Din A4 se pasó a un informe diario de cinco páginas y a un resumen mensual de ocho páginas.

A su vez, el empleado, en su celo, logró para el «Informe al señor director» que el Departamento de Contabilidad le pasara las facturas primero a él antes de contabilizarlas «porque no siempre las había recibido todas». En realidad, dijo que «casi nunca las recibía todas» y añadió un ítem más al informe que era la casación de las facturas de su informe con todas las contabilizadas y el total de posiciones de las facturas con el total de recepciones realizadas.

La empresa creció y tuvo que ampliar plantilla administrativa, entre otros, un administrativo más para esta *sección* de seguimiento de facturas. ¡Ah!, por cierto, un año antes, el director se había jubilado.

Vean cuál era el estado de la situación: a un administrativo ocioso se le asigna una tarea innecesaria a la cual el administrativo le da valor, la hace imprescindible y prioritaria a la función principal de contabilidad, lo que retrasa en un día la contabilización de las facturas y el cierre mensual; cómo le ha incorporado más tareas al informe y hay más facturas por motivo del crecimiento, la sección ha precisado de un empleado más.

Realidades supuestas: el empleado está saturado, nadie se ha planteado para qué sirve su trabajo, qué valor real aporta y qué pasaría si no tuviera que hacerlo.

Alguien o muchos pueden pensar que esto no ocurre y es una anécdota, pero nada más lejos de la realidad. En algunas grandes empresas, cuando se ha realizado este análisis, se han llegado a cerrar departamentos enteros con algunas decenas de empleados.

Esto existe en casi todos los niveles de la empresa, tanto en funciones administrativas como en las productivas. En este último caso, ¿cuántas operaciones o procesos están con operaciones adicionales «porque un día pasó...» y no se han eliminado aunque la causa raíz de aquel viejo problema ya esté erradicada?

En este apartado puedo explicar una anécdota chistosa, que algunos ya conocen, pero a otros les ayudará a ver además de mirar.

Cuentan que en un cuartel del ejército de un país desconocido, cada día en el reparto de las guardias había ocho puntos: cuatro eran para las puertas, dos para la armería, uno para el banco del cuartel y uno para el almacén. Esto ocurría cada día y cuando el oficial asignaba las guardias, estos eran los puestos fijos cada día. Este régimen de guardia era el mismo desde hacía años y no parecía que fuera un problema hasta que la llegada de un oficial nuevo le hizo preguntarse por qué se ponía de puesto de guardia al lado del banco del patio del cuartel. El hombre investigó y descubrió que un día, hacía cuatro años, se había pintado el banco del cuartel y que el oficial de ese día (que, por cierto, era su último día en el cuartel porque lo ascendían y pasaba a otro destino), en previsión para que nadie se sentara hasta que la pintura se hubiese secado, puso un puesto más en la hoja de guardias para ese día y desde entonces había habido un puesto de guardia en el banco del cuartel. Sacarlo precisó de largas gestiones con sus superiores, puesto que era una reducción de los estándares de seguridad del cuartel, porque en realidad nadie sabía por qué se hacía.

De esta misma guardia en el banco del cuartel están repletas las empresas y, cuando alguien identifica uno (normalmente son sobre procesos, sobre verificaciones, almacenajes, etc.), eliminarlo será un enfrentamiento contra todo el grupo que se opondrá con frases lapidarias «Yo, por si acaso...», «Siempre se ha hecho así».

Es pues importante analizar y detectar estas situaciones, y cuándo son funciones o tareas que no aportan el suficiente valor para que se realicen.

2.4. LOS DUPONT Y DUPONT

Los que hayan leído *Las aventuras de Tintín* es seguro que recordarán a los dos policías que lo acompañan y nunca se sabe si lo ayudan o en realidad son una carga. Estos dos personajes se caracterizan, entre otras cosas, por su don de la oportunidad y por su discurso, que yo llamo «de la razón incremental» no matemática, sino dialéctica, con sus apostillamientos del uno al otro con el «Y yo aún diría más». Seguro que todos ustedes conocen como mínimo un dúo o trío que actúa así, ya sea en su vida privada. Por ejemplo, aquella pareja que, cuando un componente de esta hace una observación, el otro lo remata con «Yo aún diría más». Pero esto no acaba aquí, porque en ocasiones el primero da la razón al segundo y añade otro «Y yo aún diría más». Seguro que conocen casos en que esto se repite hasta en, como mínimo, tres ciclos más y en ocasiones se incorpora un tercero y hasta algún espontáneo más.

Pues bien, este fenómeno también se da en la empresa y tiene tres posibles formas y resultados:
- Que sean progresivo ascendentes.
- Que sean progresivo descendentes.
- Que sean aportaciones de acumulación de ideas.

Las dos primeras son muy peligrosas y, cuanto más arriba de la pirámide se realizan, más peligrosas son.

Tomemos el cuento de la lechera en que esta va montando un mundo en base a una pequeñez en que se autoconvence firmemente de sus afirmaciones, pues bien, imaginen si a su lado camina otro personaje que refuerza cada subida de peldaño en su mente y consolida sus ideas y las incrementa. Piensen que no es un cántaro de leche, sino cualquier otro sueño que no se rompe al instante, pero que, sobre un pequeño detalle, ha construido una teoría en la que cada aportación le da más altura y más tamaño y de la que finalmente sale una línea o un objetivo alejado, muy alejado de la realidad. Sin embargo, dada la posición de los incrementales, la colocan frente a toda la compañía y pasa a ser el nuevo dogma.

En algunos casos han salido auténticas genialidades —como el aguafuerte de Francisco de Goya *El sueño de la razón producen monstruos*—, pero en muchos casos lo que se ha creado son auténticos monstruos. Cuando esto ocurre, difícilmente estos altos actores incrementales aceptan críticas u otros comentarios porque se habían auto convencido sin atender a más y el papel todo lo soporta. Aunque sea una insensatez así se han visto lanzamientos de empresas de todos los tamaños en huidas hacia adelante que finalmente han sido un fiasco. Recientemente constructoras y bancos, pero también en el sector industrial y fuera de épocas de crisis.

Elaborar una estrategia en base a una «razón incremental» no es en sí malo, pero antes de lanzarla hay que someterla a un análisis abierto a otros actores y hacerlo de forma humilde, escuchando y aceptando argumentos que puedan poner en duda su viabilidad o argumentos que complementen y den solidez al resultado. Está bien crear en caliente, pero hay que revisar en frío.

Otro tanto, pero inverso ocurre con las «razones incrementales descendentes» y esto ocurre tanto en estados de depresión, en que la acumulación de «yo aún diría más» de aspectos negativos llevan al desánimo y a no analizar las oportunidades que en toda situación crítica se presentan. Pero también cuando un equipo ha desarrollado una idea o un proyecto y este es destrozado y arrasado por un «tribunal» formado por «incrementales negativos» que acumulan «razones» para parar y destrozar una idea o proyecto sin ver o buscar lo que de positivo hay en ella o si está analizada en «razones incrementales ascendentes», esta sería posible o razonable.

Estas formas «incrementales descendentes» son mortales de necesidad y restan capacidad a las soluciones o a las mejoras. Como dato importante, los componentes de las «razones incrementares ascendentes» y los de las «descendentes» pueden ser los mismos y en la mayoría de los casos lo son y pueden actuar de una u otra forma, según en qué foro o reunión, en un lapso de tiempo muy pequeño y en todos los casos queriendo aparentar actitud positiva.

Existe la tercera opción «razón incremental de acumulación de ideas». Esta es la que se puede percibir en una sesión donde el objetivo es la aportación de ideas para un proyecto en que aparecen entremezcladas tanto las que van en un sentido como en otro y que posteriormente serán objeto de análisis por este mismo equipo de forma individual y su encaje en el conjunto. Este último grupo es positivo y hace avanzar a todo el conjunto poniendo todos los puntos de vista sobre la mesa y en que ninguno de ellos tenga preeminencia sobre los otros, hasta que no se hayan analizado los pros y los contras de cada uno de ellos, reforzando los pros y paliando ideas que minimicen o anulen los contras y todo ello ha de hacerse sin que para cada paso prevalezcan los «galones». Estos solo han de actuar como «voto» de calidad final cuando no hay un acuerdo sobre tal o cual idea que sea por número o por argumentaciones.

La dificultad surge en cómo detectarlos, en especial los dos primeros. En el caso del tercero habría de ser la forma habitual y normal de proceder, el peligro está en los otros y no en que no se detecte o vea desde fuera del grupo que actúa en el proceso de «razón incremental», sino como lo detectamos y lo corregimos cuando quien forma parte de este grupo es uno de nosotros y como nos apeamos de esa razón absoluta que hemos confeccionado y tomamos distancia para realizar un análisis más frío y contrastado.

¡Ojo! Si usted es capaz de hacerlo y salirse del círculo vicioso, tomar la distancia y analizar aplicando puntos de vista alternativos para verificar si la teoría tendrá posibilidades, usted se encontrará enfrentado al resto del «grupo incremental» y aunque su actitud sea positiva pero no ciega, se le percibirá como negativo y enemigo del proceso y sus aportaciones que seguro irán encaminadas a dar consistencia al proceso pero a minimizar los contras serán poco o nada apreciadas.

Atención con lo que yo denomino síndrome Dupont y Dupont: puede ser bueno y una ayuda, pero puede ser como con los personajes del cómic una carga e inoportuno.

2.5. LOS POLLOS DESCABEZADOS

Son esos pollos que les han cortado la cabeza y, como un acto reflejo, siguen corriendo sin control, manchando todo de sangre antes de desplomarse.

Pues bien, en algunas empresas abundan y son un estilo en sí mismo de esa empresa: no actuar así se entiende como poco compromiso.

Son hijos y padres del caos, y aportan el caos a todo aquello que realizan, ya sea productividad y calidad. No saben trabajar de otro modo y recuperarlos, y hacer de ellos pollos con cabeza es en algunos casos una hazaña; en algunos casos son irrecuperables.

¿Por qué son hijos del caos?

Hay múltiples factores que llevan a ello y apuntaré algunos.

En el apartado 1.4 indicaba falta de prioridad de objetivo por una dirección que sin criterio quiere resolver todos los problemas a la vez, es como aquel herido que tiene dos cortes, uno en la arteria y otro en la vena, por los que pierde mucha sangre. Si el sanitario quiere tapar los dos a la vez, el paciente se morirá desangrado; pero si primero tapa la herida en la arteria (con diligencia) y después en la vena, las posibilidades de sobrevivir aumentarán. En cambio, si lo hace al revés, primero tapar la vena y después la arteria, tendrá pocas posibilidades de sobrevivir.

Otro aspecto que genera «pollos descabezados» es la improvisación y falta de una línea de gestión clara, y es también en la dirección donde se genera una parte de este problema, cuando se cambia de criterio de forma constante, generalmente por falta de una estrategia clara. Esta misma dirección nunca admitirá que tiene cambios de criterio sobre algún tema, poniendo como razón que aplica el sentido común, solo que el de hoy ya no es el mismo que el de ayer y, como ya sabemos, el sentido común es el menos común de los sentidos y, además, permutable según los *inputs* que se reciban y que, como es lógico, no son iguales para el común de la sociedad.

El siguiente motivo es la falta de procesos estandarizados que fijen la forma de actuar y proceder. En algunos casos, esto es consecuencia de los puntos anteriores; en otros casos, de una falta de definición clara y de su plasmación documental.

Otro punto es el *layout* caótico y no planificado, que produce auténticos laberintos que ni Dédalo sería capaz de resolver.

Hay muchas más pequeñas causas, como que el empleado, funcionario, etc. no esté formado o cualificado y ponga más voluntarismo que capacidad. La suma de todas estas situaciones o algunas de ellas (no son precisas todas) generan un estado de caos y la necesaria gestión del caos.

Pero estos «pollos descabezados» a su vez generan y aumentan el caso, pues corren en todas direcciones, aportando su caos a todo lo que tocan o «manchan con su sangre», por tanto este caos se retroalimenta, generando todo tipo de situaciones grotescas y de desatino individual y colectivo. Este «caldo de caos» es un mal plato para poder aplicar la cocina Lean, puesto que contaminará todos los platos que se cocinen.

Una consecuencia de esta situación es cuando en cualquier colectivo se desarrollan continuas y largas reuniones para «coordinar» las acciones o para «mejorar la comunicación». Estas reuniones, que a su vez son caóticas, no solo no facilitan la reducción del caos, sino que en algunos casos lo aumentan, puesto que quienes los convocan son, en general, la misma dirección de la que parte el caos y son para «aclarar» —léase llamar la atención o abroncar— el caos y generar a su vez más caos y dudas.

Por tanto, es preciso identificar a los «pollos descabezados» y sus causas, y eliminarlos, aunque eso implique un cambio radical en los sistemas de dirección y de gestión.

La dirección ha de poder detectar, sola o con ayuda externa, los casos y las causas, y, con humildad, analizar en qué medida (mucha) ella misma es responsable del problema y corregirlo.

Cuando muchos corren en muchas direcciones o puestos sin un objetivo claro, la pérdida de capacidad de análisis es un coste inasumible para cualquier compañía y el sobresfuerzo no aporta ningún valor más; al contrario, lo resta.

La mejora debe hacerse desde el análisis, desde el sosiego (no quiere esto decir desde la nada), con celeridad, con objetivos claros, contrastables y capaces.

Los «pollos descabezados» serán un problema y una dificultad para el cambio a un proceso Lean y se alinearán en las filas del «siempre se ha hecho así», «imposible», a pesar de que el cambio les beneficiará.

2.6. MÉDICOS O VETERINARIOS, O CÓMO ES LA INFORMACIÓN

No parece que esto tenga que ver con la gestión o la organización de las empresas, pero intentare explicar la relación de una forma comprensible.

Cuando tenemos un problema de salud, acudimos a la consulta de un médico cualificado, de confianza y con garantías. A este profesional, para que pueda diagnosticar, le explicamos en primera persona cuál es nuestro estado de ánimo, las dolencias que padecemos, cómo y en qué circunstancias nos aparecen estos síntomas, qué acciones hemos realizado para reducir las consecuencias o paliarlas, las curas realizadas por nuestra cuenta, cuáles han sido sus resultados, etc.

¿Qué esperamos del médico? Primero, que con nuestras indicaciones realice un diagnóstico acertado, preciso y rápido. Como consecuencia de ello esperamos que nos proporcione remedio y cura a nuestros males de forma eficaz y rápida. Es lógico, está en juego nuestra vida y para ello no escatimamos ni tiempo ni recursos, ni aceptamos errores ni soluciones incompletas.

Si alguno tiene una mascota o un animal doméstico —generalmente es uno más de los miembros de la familia— lógicamente vierte aprecio, cariño y compromiso hacia el animal en su cuidado. Puestos en este antecedente, cuando notamos, por ejemplo, que algo le sucede, que no camina bien o tiene vómitos, etc., nos encaminamos a la consulta del veterinario, profesional del que podríamos expresar los mismos adjetivos calificativos que del médico anterior, y le explicaremos lo que del comportamiento del animal percibimos y que nos hace presumir que está sufriendo algún problema. Este nivel de explicaciones puede ir desde un básico «algo le pasa» hasta una descripción pormenorizada con el máximo de detalles que hayamos apreciado en el comportamiento del animal.

A todo esto, a diferencia de la consulta con el médico, el paciente no verbalizara sus dolencias ni su estado de ánimo ni nada de lo que, como paciente, sí hace el ser humano.

La diferencia básica será que lo que está en juego es la vida de un ser querido, pero que no es lo mismo que la nuestra propia o de uno de nuestros hijos y, aun esperando el mejor diagnóstico y remedio, un error será importante pero más aceptado, puesto que siempre quedarán las dudas respecto a los signos expresados y el diagnóstico consecuente.

Llegado aquí, seguro que se pensará que esto es un error de texto que se ha colado en un escrito sobre organización de empresa. Creo que ha llagado el momento de explicar las relaciones.

Cuando nos encontramos frente a un análisis de un problema, los *inputs* que se ponen sobre la mesa en muchos casos son del tipo «esto no va», «no sé por qué pasa», «se ha parado» y un sinfín de respuestas similares que nos indica que lo que solicita no es la opinión de un médico para resolver un problema vital, sino que espera recibir un resultado de médico pero con datos para veterinario y el resultado final será siempre cercano al fracaso o al resultado no satisfactorio.

Léase en este último apartado donde pone médico o veterinario cualquier acepción de técnico, gerente o solucionador de problemas o consultor, etc.

En función de la calidad de la información que se disponga sobre un asunto, la cantidad y el compromiso con esta información, el resultado será pésimo, normal u óptimo. Por desgracia, el porcentaje de información mala, contaminada, insuficiente y poco profesional es más abundante que la buena, completa y profesional, y, como consecuencia, el porcentaje de fracasos o de retrabajos, reorientaciones y sobrecostes es altísimo, afectando a la buena marcha de la empresa y a la eficiencia en la gestión.

Cuando nos enfrentamos a un problema, análisis, etc. evaluaremos si la información que proporcionamos o que nos proporcionan es del tipo vital para el análisis de un *médico* o para un *veterinario* y, por tanto, cuál es la previsión del resultado del trabajo final. Si detectamos que es del estilo *animal* hemos de cambiar tanto el estilo como la dinámica de trabajo y el análisis de problemas, puesto que, de lo contrario, nos veremos abocados a soluciones no adecuadas, incompletas, fallidas y pérdida de tiempo y dinero.

2.7. «LA PECERA» O LA ZONA DE CONFORT

Cuando observamos un acuario, vemos que los peces nadan con cierta tranquilidad, calma y sosiego. Conocen cada rincón de la gran pecera y su vida está asegurada porque, como milagroso maná, cae cada día el alimento.

Las empresas en tiempo de bonanza son como peceras: las ventas son seguras, hay dinero de los bancos, apoyos y dinero institucional, etc.: el maná. Pero todo cambia cuando la pecera cambia y estos peces pasan a una pecera mayor porque se eliminan los compartimentos, y la comparten con otros peces que antes estaban separados en la otra pecera de al lado (tiburones, orcas, etc.). Son los grandes depredadores y esto coincide con que, además, ha escaseado y desaparecido el maná.

Este es el escenario actual. La apertura de los mercados, la internacionalización, la falta de financiación, etc., es una nueva pecera, un nuevo acuario.

¿Cuál es el comportamiento? Pues que continúan nadando en su parte de la antigua pecera, a la espera de que todo vuelva a la situación anterior.
- No exploran qué oportunidades hay en la otra parte de la gran pecera para ver qué hay de útil en la parte de los grandes depredadores.
- No desarrollan estrategias de defensa al ataque —nunca les hizo falta— excepto para pequeñas escaramuzas con los otros peces, más por pequeños y orgullos que por necesidad real.
- Siguen nadando en su zona, seguros de que, al conocerla muy bien, no han de cambiar nada.

Pero la dura realidad sí cambia las cosas: los grandes depredadores hallan en esta parte de la pecera comida que precisan y nuevas oportunidades territoriales, y este es el escenario actual y posiblemente no cambie.

Los peces, los que todavía queden, tienen que desarrollar nuevas estrategias, incluso a riesgo de perecer en el intento o en el camino, pero, lo que en el cambio es un riesgo, en el estado de permanecer igual es una certeza de desaparecer y ser comido.

Por tanto, hay que desarrollar fuertes músculos, velocidad, dientes y otros órganos para poder nadar en toda la gran pecera, dando las dentelladas que se puedan a gran velocidad y con la fuerza que asegure que a la primera obtendremos el botín para seguir sobreviviendo.

Estas armas las hemos de lograr a título individual como empresa, logrando ser competitivos —fuertes dientes para morder en el mercado—, ágiles y flexibles para adaptarnos a las variaciones del mercado y del entorno —fuertes músculos —, y esto pasa por tener el músculo financiero suficiente, dejando de depender de la financiación exterior que además nos merma en competitividad y agilidad.

Para las dos primeras es imprescindible aplicar Lean a toda la cadena de valor de la compañía y, como consecuencia de esto, también mejoraremos el aspecto financiero.

Un enemigo para esta visión es el constante y melancólico intento de retorno a la pecera original que sienten algunos mánager, que, sin darse cuenta después de navegar por la gran pecera de la mano del Lean, retornan lentamente a ideas y formas de gestión anteriores al cambio, generando otra vez excesos de documentos y el rotundo retorno de la visión administrativa (porque en muchos casos no desapareció, sólo se disimuló) que vuelve a recargar las estructuras.

2.8. LOS ALMACENES DISPERSOS Y LOS PAPELES

Al hilo del apartado «¿Dónde Lean?», he de hacer unas consideraciones acerca del almacenamiento innecesario.

Es habitual ver fábricas en las que no está claro si es que la fábrica está situada en medio del almacén, sea el que sea, o si, por el contrario, la fábrica es una extensión del almacén.

Sí, alguien me dirá que, cuando se aplique el 5S, ya se analizará. Pero no, no es este tipo de análisis. Lo que aquí expongo es conceptual y es que hay mánager o jefes que creen que ha de ser así según supuestos ahorros de movimientos o porque no ven la posibilidad de otro modo de distribuir estos espacios y, por supuesto, un análisis 5S bajo esta premisa no cambiará el estado, solo lo justificará.

En la fábrica y en los entornos de trabajo solo ha de hallarse lo estrictamente necesario para la producción de un determinado periodo de tiempo y este nunca ha de exceder de un turno.

No se puede pretender gestionar Lean en los almacenes (*kanban*) ni en la producción si no se aplican claras posiciones para cada ámbito de responsabilidad.

Otro tanto es lo que ocurre con las mesas de las oficinas. He conocido oficinas en que la mesa tiene pilas de papeles que ocupan esa y otra mesa más para una sola persona, y en ellas se acumula más papel que en los archivos. Esta es una mala práctica porque dificulta la gestión del individuo, ya sea el máximo mánager o un administrativo; las razones son muchas y evidentes.

- Puede ser por un sistema «compost» que el individuo actúe por el proceso de que el problema ya se resolverá y entre tanto está allí; falta de toma de decisiones.
- «Está por aquí, ahora lo busco». Esta frase es muy corriente e implica una pérdida de tiempo importante, puesto que, de estar archivado, su localización sería fácil para él o para otros.
- Dar la sensación de que se es una persona muy ocupada y así poder eludir más trabajo, responsabilidades, etc.
- Esta persona es desordenada natural y, por tanto, aportadora de caos.

En cualquier caso, es un indicador de mala calidad en el trabajo y en la gestión.

Los mejores mánager que he conocido, tanto por su carácter resoluto como por los resultados de sus empresas, por su eficacia y eficiencia, tenían sus mesas y sus despachos con muy pocos papeles, solo los imprescindibles y difícilmente estaban en ellos más de un día. Cuando eran dosieres o carpetas de más largo recorrido, estaban en carpetas con identificación de lo que había en su interior y estos casos no excedían de las carpetas que normalmente obedecían a asuntos de largo recorrido. El resto estaba archivado y guardado.

Hoy tiene poco sentido utilizar mucho papel, puesto que podemos (y debemos) utilizar ficheros de ordenador propios o comunes, y lo correcto es que quien genere un documento lo guarde en un fichero común si es de visión pública o en un fichero privado y lo remita a las personas correspondientes para que se haga el análisis pertinente y que sea este siempre el custodio de ese documento cuando, pasado algún tiempo, se le pueda volver a requerir.

La visión de pilas de papel en una mesa o en un despacho advierte que el ocupante de este puesto presupone (puede haber excepciones) una persona poco o nada inclinada a una gestión Lean que puede exigirla para los demás pero que, al no aplicarla ella, lo impide de hecho a la organización.

*Las cosas solo pueden mejorar
cuando uno deja de hacer lo que no sirve.*

Spencer Johnson

Capítulo 3

ASPECTOS A TENER EN CUENTA ANTES Y DURANTE LA APLICACIÓN LEAN

En este capítulo se revisan aspectos que hay que tener en cuenta, no solo antes de empezar a trabajar con las herramientas Lean, también cuando estas están siendo usadas de forma habitual.

3.1. EL CLIENTE 69
3.2. LO QUE NO APORTA VALOR SOBRA 73
3.3. EL COSTE DE LO QUE APORTA VALOR 79
3.4. LAS PIEZAS Y EL PROCESO HABLAN GEMBA 80
3.5. PIENSA EN LEAN (SIEMPRE) 84
3.6. LOS EXTREMOS DEL PÉNDULO 88
3.7. LAS HERRAMIENTAS LEAN 89
3.8. MIRAR Y VER 90
3.9. ¿Y LOS CUELLOS DE BOTELLA? 92
3.10. EL *LAYOUT* *95*
3.11. PROCESOS ROBUSTOS Y PARO AL PRIMER DEFECTO 96
3.12. LO SENCILLO FUNCIONA 100
3.13. QUE NO TOQUE EL SUELO 102
3.14. LA VELOCIDAD 103
3.15. ESTANDARIZACIÓN 105
3.16. LA FORMACIÓN 110
3.17. ANÁLISIS MODAL DE FALLOS Y EFECTOS (AMFE) 114
3.18. EL ESPACIO ES CARO 117
3.19. LEAN Y SIX SIGMA 120
3.20. EL LÍDER LEAN 122

3.1. EL CLIENTE

Cuando se atacan objetivos de mejora, en especial en la metodología Lean, es preciso tener claro qué es lo que realmente quiere y necesita el cliente, y no aquello que unos creen y otros desean. Por tanto, es básico el conocimiento auténtico de la demanda **real** del cliente, para satisfacer esa y no otra necesidad.

Antes de continuar, es preciso definir el concepto *cliente*. A la pregunta de qué o a quién considera que es el cliente, una inmensa mayoría contestaría en la línea de «aquel que paga por los productos que le vendemos» y eso es verdad también, pero no solo eso, porque en realidad los clientes somos todos y esto sí que precisa de una explicación más extensa.

> En una línea de producción o en el flujo de cualquier proceso, cliente es aquel que recibe los servicios de su predecesor.

Esta última definición ya nos sitúa en el punto real del concepto. Si nos situamos en el flujo de un proceso en la planta de producción, el primer operario de la primera fase de la primera operación sobre la materia ya es un cliente de otras partes del flujo. Por una parte, lo es del almacén de materias y componentes que le ha de proporcionar estos en la forma y cantidad adecuadas; lo es de la ingeniería que le ha de dotar de proceso, método y útiles adecuados para que pueda realizar su trabajo específico para esa pieza, fase y proceso; lo es también del Departamento de Calidad, que le ha de asegurar que lo que ha recibido del almacén cumple con los estándares esperados y necesarios para que el producto tenga la calidad deseada; lo es de logística, que le ha de proporcionar la documentación para poder realizar e informar de su trabajo; lo es del área de Mantenimiento, que le ha de proporcionar unas instalaciones seguras, tanto para su persona como para el proceso y el producto, robustas y repetitivas. Y estos no son todos ni todo, pero creo que es suficiente para ilustrar el concepto.

Este proceso puede ser tanto el de la fase más tecnológica como el que se encarga de llevar el material o componentes del almacén al puesto de trabajo. Esto es válido para todos.

De pasada, voy a mencionar a otros proveedores de este operario, como son sus mandos, que han de proporcionarle la ergonomía del puesto y el ambiente adecuado; Recursos Humanos, que ha de velar por el buen clima social y la formación, así como Seguridad y Medio Ambiente de modo que le proporcionen un trabajo seguro, sin riesgos de accidentes y sin riesgos ambientales.

¿Cuántos de estos importantes y poderosos departamentos e importantes jefes y directores se han planteado que están al servicio de este operario y no todo lo contrario?

Posiblemente, muy pocos lo han querido ver desde esta perspectiva, pero es crucial, puesto que, si no lo entendemos así, nuestra orientación a la mejora olvida al eslabón más importante.

Después de esto alguien lo verá muy claro para este operario, pero no tan claro en otras posiciones, sobre todo, en las indirectas o de estructura. Pero son exactamente iguales las líneas de proveedor cliente, porque para el caso de este mismo operario a su vez es proveedor del de la siguiente fase; pero también de los que son sus proveedores, sin que el hecho de ser flujos cliente —proveedor en los dos sentidos— anulen ninguno de estos, ni sean más importantes los unos que los otros. En caso de que algunos hayan de ser más importantes, son los de la relación cliente respecto de las posiciones o áreas de estructura.

En la definición simple inicial se alude al que «paga por lo que recibe» y en el caso de este operario del ejemplo, él paga con su aportación al producto hasta la fase siguiente y con ello, cuando el producto final se vende, se reciben del cliente externo unos valores económicos que a su vez sirven para pagar a los proveedores externos e internos.

Profundizando más en el concepto de que clientes somos todos, hay un aspecto más en el que en muchas ocasiones no se acaba pensando y es que el cliente final podemos ser cualquiera de nosotros, incluido, por supuesto, el operario del ejemplo.

¿Y cómo es eso?

Para ilustrar esto, es sencillo pensar en el producto final, sea el que sea. Pero como ejemplo pondré algo relacionado con el sector del automóvil, que será muy fácil de comprender.

En una fábrica se producen tornillos estándar para el mercado general con especificaciones de un alto nivel de calidad. Uno de estos tipos de tornillos es comprado por una empresa que incorpora estos tornillos al montaje de un soporte del mecanismo de los asientos, el cual es suministrado a un importante fabricante de automóviles que lo ha incorporado de modo estándar en todos sus vehículos.

¿Es posible que alguno o algunos de la primera compañía o el operario del ejemplo compren algún vehículo de esta marca y, como consecuencia final, el último cliente sea él?

Pues sí, es posible, tanto para el que produce automóviles como productos de consumo de todo tipo. Por tanto, el cliente final, visto en un ámbito más genérico, somos todos y esperamos que cumpla con nuestras expectativas de calidad, durabilidad, fiabilidad y mínimo coste.

Si hemos visto que clientes somos todos y proveedores también, es básico definir cuáles son las necesidades reales.

Para ello es preciso conocer con precisión cuáles son las especificaciones y las condiciones a lograr. ¿Por qué es importante? En el siguiente dibujo se ve de forma muy clara que cada área y cada departamento «interpreta» la necesidad del cliente de un modo distinto. Esto es la principal causa de ineficiencias, sobrecostes, falta de calidad, etc. En cualquier proceso, repito. El operario también, puesto que si se realizan las acciones correctas, el operario no obtendrá la producción esperada, con la calidad necesaria, en el coste previsto, ni en la satisfacción esperada.

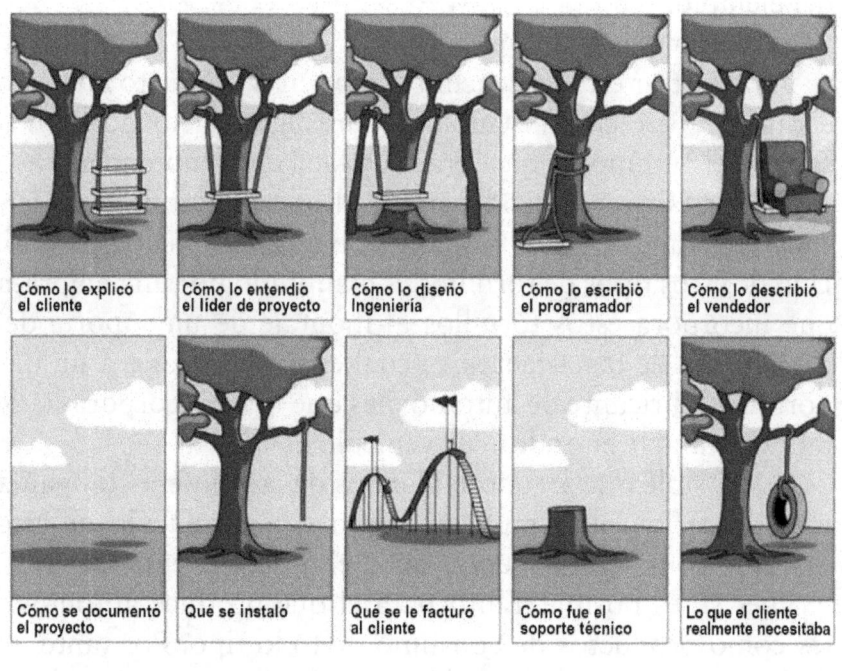

Es preciso conocer, consensuar, definir, ratificar y fijar con el cliente los puntos claves y reales que necesita.

En mi experiencia, he vivido situaciones de procesos definidos y realizados para proteger una o varias características del producto final, y cuándo el cliente ha tenido el producto. Este no cumplía con la función esperada, porque la característica importante para él no estaba asegurada y, por el contrario, en las que se habían invertido tiempo y dinero para asegurar algunas de estas no tenían ningún o escaso valor para él. Se puede imaginar todo el esfuerzo y coste de rectificar todo o parte de lo construido: el retraso, la imagen y los sobrecostes de proceso incorporados que esto comportó.

Pues bien, cuando nos enfrentamos a una mejora de un proceso, sea el que sea, ya sea un proceso de taller o sea administrativo, hemos de conocer cuáles son los **valores reales** del producto esperado y requerido, puesto que, además de eliminar sin ninguna duda operaciones o acciones que son innecesarias y no deseadas, se podrán reforzar las que sí lo son, haciéndolas más robustas y económicas.

En el apartado «La función crea el órgano», se ejemplifica una situación para una función estructural en que el cliente no la precisa.

En cualquier organización existe un gran número de actividades que el «cliente» no precisa y otras que sí precisa y no se atienden, y en ambos casos son oportunidades de mejora, unas por eliminación y otras por mejora y robustez.

3.2. LO QUE NO APORTA VALOR SOBRA

¡Qué gran evidencia! Para decir eso, no hace falta dedicarle un apartado en este libro.

Sí es evidente la frase y su objetivo, pero es mucho más difícil concretarlo y materializarlo.

Antes hay que definir que lo que aporta valor son aquellas operaciones, tareas o gestiones que, por el hecho de realizarse, el producto o el servicio adquieren el valor por el que el cliente está dispuesto a pagar, y el cliente solo paga por el producto que para él le es tangible, ya sea una pieza, una casa, un servicio, etc.

Por tanto, todo aquello que no incide directamente sobre el producto en un principio no aporta valor y, en nuestra capacidad de reducir o eliminar el coste que representa, aumentará tanto el margen como nuestra competitividad. No todo lo que no aporta valor es eliminable, pero sí reducible. Una preparación de una máquina para realizar una producción **no** aporta valor, pero es necesario realizarla; por tanto, hay que reducir el tiempo de preparación.

Antes de empezar, cualquier actividad de mejora sobre cualquier aspecto del flujo de cualquier proceso, sea sobre producto, documental, de gestión, **todo,** la primera pregunta a realizarse y realizar es: «¿Qué pasaría si esto no se hiciera?».

Prepárense para todo tipo de respuestas, desde las que también ponen en duda la necesidad, hasta las que dan una explicación razonada y relacionada con otros aspectos, ya sean del proceso, de la calidad, de la gestión, etc.

Cuestionen todas las respuestas y, si es preciso, desmenucen cada una de ellas y sus relaciones «imprescindibles» para tal o cual proceso o acción posterior; a su vez, también la necesidad de esta acción posterior.

Cuando detecten que al final del camino hay una cierta necesidad real de este proceso improductivo, replantease en qué y cómo se puede reducir.

En este punto, recuerde el apartado «La Función crea el órgano».

El campo de análisis en este aspecto es inmenso:
- sobre procesos
- verificaciones
- revisiones de estatus
- documentaciones
- preparaciones

- transportes
- validaciones documentales
- documentos de archivo
- órdenes de fabricación
- informes
- análisis inexistentes

Y los más caros y habituales de todos, y en todos los ámbitos, son los señores:

- «Ya que».
- «Por si acaso».

Estos últimos están en cada uno de los puntos anteriores y en todos los que no lo están generan que una misma operación, gestión, análisis, servicio, etc. en ocasiones se realice dos o más veces de forma paralela, aunque con diferente apariencia.

Otro aspecto es el de la documentación que se pide de forma esporádica para un análisis y que, en muchos casos, se mantiene pasada esa necesidad puntual y que tal vez no sea preciso hasta pasado un largo periodo de tiempo. Un ejemplo es que precisemos cada cuatro o seis meses un informe abc de ventas, compras, gastos, etc. y otro muy distinto es que, en la organización, alguien se dedique a realizar este informe con carácter diario, semanal o mensual cuando nadie lo precisa con esa frecuencia.

Entre la lista hay un ítem de gran coste y escaso o nulo valor real: «las órdenes de fabricación». Este es de especial relevancia para mí, pero existen otros campos de la empresa con casos similares.

Déjenme que les hable de este «paradigma» obsoleto de alto coste y ningún valor real en la industria actual (excepto en industrias con procesos largos y específicos, como, por ejemplo, construir coches de tren con diferentes especificaciones en series únicas y cortas en que la comparación entre el coste real y el esperado es único y difícilmente repetible).

Los procesos de producción hoy son cada vez más especializados con series largas y repetitivas, y repetidas varias veces a lo largo de un mes —y cuando se trabaja con el método Kanban, aún más—. Pues bien, la mayoría de los sistemas de gestión de la producción están soportados con «órdenes de fabricación» que establecen cantidad, material, horas... para una determinada cantidad y, a su vez, fuerza a que se informe de los movimientos, operaciones... sobre esta orden.

Hasta este punto todo parece lógico, pero está cargado de inconveniencias, de las cuales voy a intentar desgranar las que, a mi juicio, son más importantes.

El lanzamiento y la preparación de estas órdenes son de un coste importante en administración. Es muy importante para la producción, puesto que genera un alto grado de documentación y de horas de información a cada orden distinta para un mismo producto y una misma fase (convierte a los operarios y mandos en administrativos).

En los inventarios es importante el producto, dónde está, en qué nivel está o qué es lo que precisamos; pero a su vez ha de «cuadrar» con las distintas órdenes en curso. Cualquier mínimo error en las imputaciones, fallo informático u otras causas precisan de un trabajo de arqueo, orden a orden, fase a fase, para tener un cierre de inventario que sea contrastable.

Otra incongruencia es que, si nuestro objetivo es trabajar en Lean y, por tanto, reducir stocks y producir en Kanban, unas órdenes lanzadas previas al consumo real del cliente y de las diferentes fases no tienen ningún sentido, por lo que hacerlas tras el consumo para pasarlas a la producción después, además de generar un alto coste administrativo, retrasa el que la producción reponga el consumo y, por tanto, hay que aumentar stocks.

En el supuesto de que todo lo anterior lo hayamos realizado perfectamente bien —todo el proceso de las órdenes de trabajo—, lo que tendremos al final de un determinado tiempo —generalmente, un mes— será una cantidad indeterminada de órdenes para un mismo producto final. Pongamos que tenemos cinco órdenes distintas. Con ellas, lo que se hace en el mejor de los casos es juntarlas y hallar la desviación entre los costes reales y los costes esperados; pero nunca o casi nunca se analiza orden por orden, puesto que esto es de escaso valor. Sí, alguien dirá: «Pero si una de ellas ha tenido una desviación importante en más y otra en menos, casi siempre es un error de imputación y, si solo una ha tenido una desviación al alza (a esto yo le llamo «la orden sin suerte»), hay que ver por qué. Normalmente, lo que ha ocurrido es que, durante el proceso de esta orden, la máquina ha tenido una avería o que se ha tenido que realizar un retrabajó...

Cuando se argumenta esto, se olvida que, para conocer la excepción *a posteriori*, se ha generado una cantidad ingente de documentación innecesaria —y la pregunta será: «¿Y si no hay órdenes, cómo lo controlamos?». Pues por un camino más económico y más eficaz (por el control de las excepciones); es decir, si se ha tenido que realizar un retrabajo, hay que abrir una incidencia, documentarla, seguirla e informar en ella de los sobrecostes en los que incurrimos. Esto permitirá analizar solo y de forma precisa las desviaciones especiales, y nos permitirá tener, por una parte, un registro de incidencias y, por otra, un documento valorado de una incidencia que, además de conocer la desviación en el producto, el coste también habrá de ser imputado a los costes de no calidad.

Otra recriminación será la sagrada trazabilidad. Hoy los sistemas, tanto informáticos como los que se incorporan en los procesos de producción por marcaje de fecha de producción (la fecha es una identificación mejor que una orden de fabricación) o por marcaje automático de códigos **Datamatrix** y otros múltiples sistemas más, también tienen órdenes de fabricación.

¿Qué hacer? Operar, bien con órdenes abiertas, mensuales, trimestrales o hasta anuales, bien por el producto directamente con su referencia como portador de coste —es sobre esta donde se informan tanto los consumos como las horas y otros costes—. De este modo, se tendrán los costes de producción de una a otra fecha con facilidad; inventarios tanto parciales como anuales se simplifican y eso permite poder hacer inventarios parciales para conocer de forma más real y ajustada los costes reales y las desviaciones, por supuesto de mayor calidad y a muchísimo menor coste. Con la gestión por excepciones también tenemos un indicador fácil, económico y seguro para la mejora continua, puesto que, con facilidad y a tiempo real, nos será fácil conocer los puntos de mayor incidencia en los que más nos interesa atacar.

¿Cuántos viven en el paradigma de las órdenes de trabajo?

¿Cuántos, a pesar de las evidencias, van a seguir viéndolas como necesarias e imprescindibles?

Si siguen pensando que son buenas y que, en lugar de ser un escollo, son una ayuda, difícilmente podrán ver otros aspectos de su organización donde tienen sobrecostes y falta de agilidad; difícilmente encontrarán soluciones alternativas a sus costes improductivos.

Los paquetes informáticos estándar de gestión de la producción siguen planteando hoy como solución las órdenes de fabricación, un anacronismo que se retroalimenta. La mayoría de las empresas están basadas en esta herramienta; por tanto, es la que ofrecen al cliente, que queda satisfecho, puesto que su paradigma del control de producción no cambia. Por otra parte, estas empresas que elaboran estos paquetes informáticos no desarrollan alternativas sin órdenes de fabricación, porque el mercado no se los reclama como una necesidad; por tanto, no invierten en esta línea en sus paquetes de gestión. Como dice el dicho «todos contentos y engañados».

Si van a acometer una actualización o un cambio de paquete de gestión de la producción, tengan en cuenta las alternativas, que las hay, para contratar un paquete que les permita prescindir de las órdenes de trabajo sin, por ello, perder ni un ápice de control. Por el contrario, el nivel de control de costes y la gestión serán más precisos, económicos y fáciles que con los sistemas tradicionales.

3.3. EL COSTE DE LO QUE APORTA VALOR

Todo lo que hacemos aporta un coste, unas veces de forma directa sobre el producto y, en otras, de forma indirecta, como costes improductivos. Estos últimos ya los hemos visto y cuestionado en el apartado «Lo que no aporta valor, sobra».

Vamos a ver los que sí aportan valor. En primer lugar, esta afirmación no es absoluta, puesto que también en primer lugar hemos de cuestionarnos si de verdad *todo* aporta valor. Primero hay que analizar si todas las fases, pasos, etc. son realmente necesarios. En muchos casos, un análisis bajo esta perspectiva nos permite detectar pasos que no son necesarios o que, sumados a otros, nos permiten eliminarlos y, con ello, ganar tiempo, espacio, reducir transportes y stocks. Una pequeña operación realizada junto con otra puede reducir o anular el coste de esta.

Como ya se ve, no todo lo que aporta valor es necesario o no lo es en la forma habitual.

Pero, al igual que en el flujo y en los procesos, hemos visto que hay operaciones o acciones a reducir o a eliminar dentro de las operaciones, y estas son: movimientos innecesarios, desplazamientos, *layout* inadecuado, falta de ergonomía, esperas dentro del proceso de la operación, almacenajes intermedios en el puesto de trabajo, trabajos que pueden ser solapados en las esperas, verificaciones que pueden ser sustituidas por sistemas de *poka-yoke*, marcajes no automatizados, aprovisionamientos frecuenciales, etc.

Estos puntos inciden en el ciclo de la operación y tienen como consecuencia problemas de capacidad o de mayor uso de máquinas y hombres; en definitiva, costes y capacidad.

En general, ninguna de estas unidades de tiempo son muy grandes (siempre o casi siempre son pequeñas), pero la suma de estas genera un total de tiempo importante para los costes totales del producto y, en ocasiones, permiten a la compañía, si bien no aumentar su producción o su venta, sí permitir cambios organizativos, como eliminar un turno completo y los costes que esto representa en energías o costes indirectos. Pero a su vez permite evidenciar una capacidad ociosa que le puede plantear políticas comerciales más agresivas, que le permitan ampliar ventas sin ampliar recursos en inversiones. Esto es una clara mejora de resultados, aunque en ocasiones sea apelando a la reducción del margen por producto vía descuentos por ventas *rapel*, pero que, al aumentar la venta, aumentan el margen global y el beneficio.

3.4. LAS PIEZAS Y EL PROCESO HABLAN GEMBA

Es de todo implanteable un proceso de mejora lejos del lugar donde se produce la acción y los hechos objeto de la mejora.

Ya sea en un proceso productivo, ya sea en un proceso de gestión documental, sea el proceso que sea, el análisis y el trabajo *in situ* son fundamentales.

En el sistema Toyota se habla de conceptos como Gemba, «lugar donde ocurren las cosas» y *Genchi Gembuts,* «ir al lugar a ver cómo ocurren las cosas». No hay que obsesionarse por las palabras en japonés ni pensar que esto es novedoso. Puede servir lo que mi padre me decía desde que yo era muy pequeño: «si quieres agua clara, ve a la fuente». En esencia, es lo mismo, tanto para la resolución de problemas como para su implantación y seguimiento hay que estar en el lugar donde ocurren las cosas.

Esto que parece evidente no lo es tanto. En las organizaciones hay una tendencia individual muy grande a la creación de muros, tabiques, zonas u oficinas separadas, etc.

Otra tendencia es marcar la posición haciendo que se desplacen hasta los despachos las personas que el mánager considere adecuadas para allí aportar información y realizar el análisis correspondiente. Esto es un planteamiento equivocado, puesto que el conocimiento y la fiabilidad para el análisis consisten en ir o estar donde ocurren las cosas.

En este punto la aportación de información fiable y completa será siempre mayor que en la distancia confortable de un despacho y todo ello por varias razones:

- La pieza o el proceso, si atendemos correctamente a lo que ocurre, nos «hablan», nos hablan de un flujo, unos movimientos, etc. que no son «redondos». Esto es como en una representación de un ballet, aunque no seamos ni expertos ni conocedores, sí seremos capaces de detectar un movimiento brusco o no coordinado si lo estamos viendo *in situ.* Así, en una operación o proceso también podremos observar estos movimientos «extraños».

- Al estar en el sitio donde ocurren las cosas, también estamos en el sitio con las personas que hacen que ocurran y estas pueden aportar su opinión, que será de un excelente valor.
- Al estar en el sitio donde ocurren las cosas, hemos de aplicar a todo lo que ocurre los porqués tantas veces como sea necesario, a lo que vemos y a las respuestas.
- Si una imagen vale más que mil palabras, una secuencia completa de imágenes que se repiten, sin duda serán infinitamente mejores que la información que se aporte en un despacho.
- Una reunión de pie en el sitio donde ocurren las cosas tiene una potencia grandiosa, puesto que, además de hablar y analizar lo que ocurre o está pasando en el proceso objeto de análisis, participan en él todos aquellos que están implicados y comprometidos con el proceso, pudiendo ver, oír, tocar, opinar, preguntar, responder, enseñar, etc. con el objeto de nuestro problema delante y nuestro análisis *in situ*.
- Por otra parte, una reunión de pie es más incómoda que la misma reunión en una sala de reuniones o en un despacho, lo que obliga a los asistentes a centrarse en ese hecho concreto, sin desviar la atención o con rodeos hacia otros temas.
- Facilita y mejora las relaciones a todos los niveles, en especial con quien está realizando el proceso, y eso genera una corriente que mejora el ambiente laboral.

Muy importante: siempre se analiza sobre el proceso, no sobre la persona. Respecto de la persona hemos de preguntarnos y preguntarle sobre su estado, su capacitación del conocimiento del proceso, sus condiciones físicas u otros elementos que influyan en el proceso. Se pregunta *por qué* y

no *quién* en los porqués y esto lo podemos ver en un gráfico de análisis 6M o Ishikawa. Lo que detectaremos respecto de la persona es:
- Si no ha recibido la formación adecuada.
- Si su trabajo es incómodo.
- Si tiene la experiencia suficiente.
- Si las instrucciones estándares están claras y son comprensibles.

Y con ello detectaremos que no se le ha proporcionado bien a nuestro cliente interno (el operador, el administrativo, el gestor, etc.), siendo nuestra responsabilidad, como ya indiqué en el apartado «El cliente».

Esto no significa que se excluya la responsabilidad de la persona cuando esta no sigue los procedimientos o no aplica los estándares definidos ni las normas establecidas.

«La culpa no es del caballo, es del jinete». Esta frase se la oí decir por primera vez en el año 97 a un mánager que, siempre que se le argumentaba que tal o cual suceso era «culpa» de un operario, rechazaba la argumentación con esta frase, pasando la responsabilidad a toda la cadena de mando y áreas de servicio.

Como colofón final del apartado una reflexión. ¿Se imaginan a la policía o a Sherlock Holmes queriendo resolver un crimen desde un despacho sin personarse en el lugar de los hechos, sin buscar pruebas tangibles, sin análisis de los detalles del crimen? Esto es impensable. Pues bien, en nuestro caso, también.

Una última valoración: la velocidad de respuesta a un problema y la calidad es inversamente proporcional a la distancia y a los obstáculos (puertas, tabiques, comodidad de los despachos, etc.) hasta el punto en que están pasando las cosas. Es decir, cuanto más lejos y más «obstáculos», menos velocidad y peor respuesta.

3.5. PIENSA EN LEAN (SIEMPRE)

Sí, hemos de educar a nuestra mente en la percepción de nuestras acciones en modo Lean. Esto nos permitirá ver en todas nuestras actividades de forma más eficiente, tanto en nuestro quehacer diario como en la empresa. Esto nos proporcionará mayor eficiencia y más tiempo disponible; a su vez, podremos transmitir a nuestro entorno esta visión que ayudará a simplificar el trabajo y la gestión.

Pensar en clave Lean es aprender a ver qué es aquello que nos rodea y no aporta ningún valor pero sí un esfuerzo, un tiempo o un coste. También lo es planificar nuestras actividades y la secuencia de estas, de modo que recorramos menos kilómetros con nuestro coche, caminemos menos, nos cueste menos tiempo preparar una comida o mantener ordenado nuestro entorno ya sea laboral o doméstico.

La cocina es un buen entorno para ver nuestra capacidad de pensamiento Lean, no cuál es el nivel de cocinillas de cada uno pero seguro que, como mínimo, es capaz de preparar un plato sencillo. Cuando se enfrenta a una cocina, lo primero que tenemos es la disposición de la cocina (nuestro puesto de trabajo) y una receta que queremos elaborar. Por ejemplo, una sencilla tortilla de patatas para ocho personas. Pues bien, para esta sencilla acción podemos tardar más o menos tiempo en función de cómo planifiquemos nuestras acciones. Vamos a pensar en utilizar 4 kg de patatas y ocho huevos; para freír las patatas, emplearemos una freidora.

He propuesto dos diagramas sobre cómo realizar la tortilla con dos secuencias distintas que nos llevan también al producto final en idéntica calidad y gusto, pero con diferente tiempo empleado para hacerlo aunque, para realizar las operaciones, se ha tardado el mismo tiempo.

¿Cuál es la diferencia? El modo de planificar la actividad y su ejecución. El primero sería una ejecución de secuencia tradicional en nuestros procesos de producción y la segunda, una ejecución Lean.

Voy a poner un ejemplo sobre la forma de proceder Lean. He obviado la disposición de los elementos auxiliares en su cocina, cómo y cuál es el nivel de 5S de su cocina y armarios, la disposición de la cocina y algunos ítems más que habrían de ser objeto de mejora.

El mundo de la restauración ha aplicado de modo natural en sus cocinas grandes dosis de Lean. En una visita a una cocina de un restaurante de alto nivel (si tiene un reconocimiento internacional como una estrella Michelin, mejor), observarán la disposición de la cocina, los cacharros, los electrodomésticos, las máquinas perfectamente ordenadas, en su posición, limpias; la elaboración para el pedido del cliente (Pull) en la cantidad requerida, en el momento y sin esperas o largos plazos.; la correcta ejecución de las actividades, alta calidad constante, higiene, bien a la primera y todo un largo etcétera que, repito, sin aplicar de un modo consciente las técnicas Lean las han desarrollado para dar respuesta, tanto a la calidad y el servicio, y esto les permite hablar de precios acorde con los conceptos anteriores. Se han hecho competitivos por eficacia. El buen cocinero piensa en Lean, aunque no lo sepa.

Me viene a la memoria el comentario de un profesor en un curso a principios de los años setenta (sí, ha llovido mucho, pero hay cosas que no cambian) sobre técnicas de mejora de métodos y tiempos. Este profesor nos comentó: «El mejor analista de métodos es aquel que tiene mentalidad de vago, aunque sea muy trabajador; siempre pensará cómo hacerlo con menos trabajo y en menos tiempo». Eso, con los años, lo he podido constatar. Las mejores propuestas me han llegado de aquellos poco dados al esfuerzo pero que querían obtener buenos resultados.

Cuando se acostumbren a pensar en actividades simultáneas que pueden estar ocurriendo al mismo tiempo, cuando se acostumbren a planificar las acciones para que estas sean lo menos costosas para su esfuerzo y lo proyecten a su quehacer diario, pensarán en Lean. Esto transmitirá eficiencia a su entorno.

Veamos, pues, el ejemplo:

Diagrama de la tortilla de patatas

Clásico	Lean
Pelar todas las patatas.	Poner a calentar la freidora.
Poner a calentar la freidora.	Pelar las patatas solo para una freidora.
Poner a freír patatas para una freidora.	Poner a freír patatas para una freidora.
Repetir la operación tres veces (un kilo cada vez).	Batir todos los huevos en un bol.
Batir los huevos en un bol.	Pelar patatas solo para una freidora.
Mezclar los huevos con las patatas.	Poner las patatas fritas con los huevos.
	Poner a freír otro lote de patatas.
	Repetir estas dos operaciones dos veces.

Para todos los casos, la operación de pelar también incluye cortar las patatas.
- Mezclar patatas y huevos y dejar que empapen las patatas.
- A partir de este punto y para simplificar las operaciones, serán las mismas para ambas opciones.

- Nótese que, para el caso clásico, no se empiezan las operaciones posteriores hasta que no se ha finalizado la operación de pelado de las patatas de todas las patatas y no se pone a calentar la freidora hasta que no están peladas para evitar exceso de tiempo de calentamiento y consumo. Tampoco se han batido los huevos hasta que no están fritas todas las patatas y que se mezclan todas a la vez (el que haya hecho muchas tortillas sabrá que poner 4 kg de patatas fritas a la vez con el huevo y mezclarlas bien es complicado) y esperamos hasta que están mezcladas y empapadas.
- Por el contrario, en la versión Lean ponemos primero a calentar la freidora porque el tiempo hasta empezar a poder freír las patatas será más corto, puesto que solo pelaremos y cortaremos patatas para un ciclo de freidora (1 kg) y, por tanto, empezaremos antes a freír las patatas; mientras esto ocurre, batiremos todos los huevos y pelaremos otra carga de patatas para la freidora. Cuando el primer lote frito esté, lo mezcláremos directamente con el huevo y pondremos a freír otro lote de patatas. Mientras se fríe este, pelaremos el siguiente lote de patatas y repetiremos la operación una vez más hasta concluir la operación de freír de todas las patatas. Como la mezcla la habremos ido realizando con cada lote, esta será más rápida y homogénea.

Desde este punto, el proceso lo estimamos igual para no alargar el ejemplo.

Con el proceso clásico, el tiempo total desde que se inician las operaciones hasta que estas finalizan es mucho más largo que para el caso Lean, en el que se simultanean las operaciones y *lead time* se reduce. En ambas opciones se parte de tiempos y métodos básicamente iguales, lo que cambia es el orden de la ejecución de las operaciones.

Esto que visto así, y de forma muy intuitiva, se percibe la diferencia en las empresas. Es muy habitual que se produzca por el sistema clásico, los plazos se alarguen y que generen grandes cantidades de material en curso de diferentes productos que están a la espera para cuando finaliza el anterior. Esto ocurre porque, para un pretendido ahorro de costes de preparación, se generan grandes lotes que bloquean las siguientes producciones, para después, en muchos casos, dejar parada la instalación por falta de carga.

No hemos ahorrado costes, hemos alargado el ciclo y, por tanto, el plazo de entrega a nuestro cliente. También hemos y aumentado los stocks de toda la empresa; por el contrario, en el proceso Lean reducimos plazos, stocks, etc.

3.6. LOS EXTREMOS DEL PÉNDULO

Todos los extremos son malos y los excesos no son recomendables ni para las vitaminas. En la mejora continua también hay que ser cautos y no perder el norte de nuestro objetivo.

Otra vez un contrasentido. Si la mejora continua es buena, ¿por qué ser cautos? No, no es ningún contrasentido y lo intentaré explicar, aunque a lo largo de los apartados ya he ido apuntando algunos ítems.

La mejora continua es una herramienta, no un objetivo en sí mismo. Puede ser un objetivo implantarla, pero no lo es en sí misma. El objetivo es la rentabilidad de nuestros negocios, de nuestros productos, de nuestros servicios, etc. Y para ello utilizaremos múltiples herramientas, además de la mejora continua o Lean, como serán el marketing, las políticas financieras, de compras, de ventas, de gestión de recursos humanos, etc. aunque a todas ellas se les pueden aplicar buenas dosis de Lean.

¿Por qué este párrafo anterior? He verificado que alguna empresa ha llevado el concepto de la mejora continua a límites en que la mejora no es tal, llegando a «mejoras» que son más caras que el estado original (puede que más elegante y visual, pero menos rentable). Han confundido Lean con una visión puramente estética hasta puntos poco o nada económicos. Finalmente, si no se hace un análisis cauto cuando se llega al extremo, pasa a ser un punto como los definidos en el apartado «La función crea el órgano».

Nuestras acciones han de estar siempre orientadas al objetivo principal de la compañía, la rentabilidad a corto, medio y largo plazo, según nuestra competitividad en calidad, coste y servicio. Es importante evaluar el coste-beneficio de nuestras acciones.

Todo este aspecto no es en absoluto importante cuando se empieza a aplicar, puesto que probablemente el margen de mejora es muy amplio; pero sí que es un aspecto a tener en cuenta cuando se ha llegado a un alto índice de madurez en que hemos de seleccionar mejor nuestras acciones de mejora para saber optimizar nuestros recursos y sus resultados.

3.7. LAS HERRAMIENTAS LEAN

Hasta este apartado he puesto de relieve en una sucinta pasada las dificultades de la implantación de una filosofía Lean y sus enemigos más radicales, lo cual no quiere decir que son los únicos, pero vencidos estos, la actividad puede ser posible.

En los próximos apartados describiré aspectos a valorar para facilitar el análisis y el enfoque de lo que es la visión de un flujo Lean; todo antes de entrar a relacionar y describir las herramientas a utilizar. He de insistir que las herramientas son solo eso, herramientas y, como tales, no solucionan nada, siendo fundamental conocer antes de su uso lo que se quiere construir, el porqué, el cómo y, en ese momento, nos veremos capaces de usar las herramientas para un fin concreto, alineado al resultado final, sin que lo que obtengamos sean parches inconexos y contradictorios. Pondré un ejemplo:

Si en un taller ponemos un conjunto completo de herramientas y máquinas, tanto para carpintería, mecanizado mecánico, electricidad, etc. y ponemos en él a un grupo de personas que conocen estas herramientas y oficios, pero no hay un proyecto de construcción conjunta, lo que ocurrirá es que los carpinteros harán uno una silla; otros, un estante; los mecánicos, una palanca con un resorte para levantar un peso; los eléctricos, un semáforo, etc. Cualquier cosa pero con un resultado global que no tendrá encaje. Por tanto, las herramientas en sí no son buenas ni malas, depende del uso que les demos y cómo las aplicamos. Podrían servir o no para el objetivo preciso y generar un coste en lugar de un beneficio.

Por ello, primero vamos a enfocar para entender los pasos previos para la aplicación del Lean.

3.8. MIRAR Y VER

Por lo general, *mirar* y *ver* se usan de forma indistinta, aunque de manera incorrecta y no en el sentido exacto.

Mirar:
- Dirigir la vista a un objeto.
- Observar las acciones de alguien.
- Revisar, registrar.
- Y unas cuantas acepciones más.

Ver:
- Percibir por los ojos los objetos mediante la acción de la luz.
- Percibir algo con cualquier sentido o con la inteligencia.
- Observar, considerar algo.
- Reconocer con cuidado y atención algo leyéndolo o examinándolo.
- Experimentar o reconocer por el hecho.
- Y otras cuantas acepciones más.

En resumen, la mirada escruta, observa, revisa, registra.

La visión reconoce, percibe con inteligencia, experimenta.

Como se aprecia, la primera es necesaria, pero lo que aporta valor es *ver*. ¿Cuántas veces hemos dicho/oído frase similares a esta: «He mirado, pero, aunque estaba allí, no lo he visto», «Miró pero no vio», etc.?

Y este es el punto clave, todos miramos pero no siempre vemos. De hecho, vemos muy poco y eso en función de la capacidad de atención de cada uno.

Cuando miramos un paisaje amplio, la cantidad de objetivos, formas, etc. que vemos es muy pequeño respecto del total del paisaje. Para verlos, hemos de partir en imágenes más pequeñas para atender a los detalles de cada una de ellas y, aun así, se nos escapan muchos detalles. Para la mejora continua, para nuestra vida diaria, para la gestión de problemas, hemos de aprender a ver y a percibir con inteligencia los detalles y los hechos relevantes de entre los datos vistos, las observaciones y los registros.

Esto es difícil y, a su vez, fundamental y tenemos en cuenta que contamos con recursos escasos. Ver y enfocar las acciones nos permite ser eficientes. Para ello, recordar dos de las acepciones de la RAE de *ver*:
- Percibir algo con cualquier sentido o con (yo añado «y con») la inteligencia.
- Reconocer con cuidado y atención algo leyéndolo o examinándolo.

Mirar mira todo el mundo, pero *ver* los aspectos clave y orientar la acción adecuada es más difícil, y para ello se precisa inteligencia, cuidado y atención.

¡Atención a las trampas y a los paradigmas!

Las trampas las forman miradas sesgadas que aportan información sesgada y, por tanto, dirigida, pasando por alto información auténticamente relevante. No siempre este sesgo es voluntario o mal intencionado ni mucho menos, pero es fruto de una visión unidireccional de la causa/efecto cuando, con seguridad, el problema o la situación a analizar es más poliédrica y con más caras y aspectos.

Al mirar hay que atender a todos los aspectos y al ver hemos de saber discriminar aquellos que nos son relevantes.

3.9. ¿Y LOS CUELLOS DE BOTELLA?

Todo flujo de proceso se asemeja a un río donde hay partes muy anchas donde el agua fluye con calma y hay hasta remansos en que parece no moverse; por el contrario, pasos angostos entre las rocas que aumentan la presión y la velocidad, pero a su vez generan una acumulación previa o pantano, que es el equivalente a los stocks. Si el símil es con una botella, está claro que, para vaciarla, se tardará más en función de cuan estrecho sea el paso o cuello. Si es muy estrecho, se tarda más y, si es muy ancho, menos.

Todo lo anterior es obvio, pero no lo es tanto en las empresas. Un cuello de botella hay que identificarlo claramente, a través de un análisis del proceso, de las cargas y de la eficiencia de cada punto.

Nótese que no hablo de una máquina o de un proceso de producción. En la gestión total de la compañía puede haber y, de hecho, hay: en muchos casos son los mánager que, por falta de capacidad o de delegación, bloquean o restringen el flujo administrativo o realizan un flujo administrativo mal equilibrado en sus tareas. Por tanto, en una gestión Lean, no solo en el proceso productivo hay cuellos de botella, también los hay en el resto de la compañía.

Los cuellos de botella hay que identificarlos y son puntos clave para la mejora, y dentro de estos también hay un abc para fijar importancia.

Los cuellos de botella han de ser analizados para aumentar la eficacia de esta operación, hay algunas posibilidades en el análisis que permiten mejoras:

- Pequeños útiles que mejoran eficiencia y eficacia.
- Disgregar operaciones.
- Rutas alternativas.
- Eliminar paros y averías.
- Eliminar problemas de calidad.
- Reducir tiempos de preparaciones, etc.

Una inversión que cambie el activo de la compañía aumentando la capacidad es una inversión tecnológica y no una mejora de proceso.

Cuando se habla de planificación surge una controversia y es que, en muchas empresas, se aplican programas de planificación por capacidad finita para toda la planta y eso genera un esfuerzo titánico, que está realmente en contra de la flexibilidad que exige una fábrica. Lo que hemos de planificar, seguir y atender son los cuellos de botella reales, marcando prioridades o realizando modificaciones más cortas que permitan atender la demanda real y haciendo que el resto de los puestos siguientes produzcan al ritmo del cuello de botella y no más ni en otro orden.

Tampoco hay que producir en los puestos anteriores a más capacidad que el que permite el puesto con menor capacidad de proceso.

En muchos sistemas se habla de alisar la demanda en la planificación y esto en sí mismo está reñido con el concepto *pull*, puesto que es la demanda la que marca las necesidades reales del cliente. Lo que sí que hay que situar esa demanda sobre el cuello de botella y planificar según este; eso no implica una planificación global de toda la fábrica, dejando que la programación (a corto plazo) la realice la fábrica conforme al flujo de la producción y obligando a que la producción llegue a los cuellos de botella según lo planificado para estos. Esto evita tener que plantear en una planificación global y completa todas las incidencias menores que hacen difícil gestionar desde un órgano de planificación, pero que, por el contrario, el taller sí puede flexibilizar sus prioridades excepto en el cumplimiento exacto para con los cuellos de botella.

Aunque puntualmente puedan ser con costes algo mayores, no hay que desdeñar procesos alternativos o procesos degradados para los cuellos de botella que han de estar perfectamente documentados, auditados y aceptados. Pero estas alternativas pueden ser válidas para emergencias, sobre pedidos, urgencias, que, de no realizarse, generarían atrasos, sobrecostes en otras fases, incumplimiento con el cliente o un sobrecoste fijo que es ampliar stocks de seguridad y plazos de entrega al cliente. ¡Ojo! En muchos casos, esto último es más caro que el sobrecoste de desviar algunos productos a procesos alternativos validados en el cuello de botella.

Es importante, pues, para los «cuellos de botella» hallar alternativas y fiabilizarlas aunque nunca se tengan que utilizar.

3.10. EL *LAYOUT*

En el primer capítulo apuntaba que no se puede aplicar la mejora continua si antes no se aplicó la mejora en mayúsculas, y que aplicar Lean dentro del caos tiene escaso futuro. Es como pretender una operación quirúrgica en medio de un estercolero. Aunque la mesa esté limpia y el instrumental, esterilizado, las posibilidades del enfermo son pocas.

Un punto básico es un análisis del *layout* del proceso y de la suma de procesos sobre el espacio, así como verificar que estos siguen una línea de flujo, tanto en la definición del proceso como en el espacio, y que existen pocos o ningún reflujo, tanto de documentaciones o como de productos.

Esto es válido para cualquier proceso, ya sea productivo, administrativo o de gestión, es válido para todos los procesos.

En un equipo de proyectos es natural que compartan espacios comunes o adyacentes que faciliten la comunicación constante del equipo sin tener que desplazarse a salas de reuniones (u otras formas de perder el tiempo). Todo ello aunque los elementos del equipo de proyecto pertenezcan a distintos departamentos y tengan diferentes jefes funcionales. Esto, que parece lógico y productivo, no es así en muchas organizaciones, tanto por falta de visión de esta mejora de comunicación, de eficiencia y eficacia como por la tendencia de los jefes a tener al personal bajo su responsabilidad cerca de él cual corte real para poder marcar mejor el territorio.

En el flujo de la fábrica hay auténticas incongruencias como que, cuando se compró una máquina, esta se ubicó «donde cabía», pero no en el sitio que por flujo le correspondía. Cuando eso se ha repetido muchas veces, el caos está servido. Y es que, en lugar de analizar la ubicación de cada centro de trabajo según el flujo de los procesos de la compañía —como modificar el *layout* para esta ubicación cuesta un dinero puntual—, se ha preferido un coste constante a lo largo de todo el flujo y para todos los procesos, lo que a la larga es mucho más caro.

Insistir en que si el *layout* no es bueno y no está *en línea* con el flujo, los resultados de la mejora no serán óptimos y perderemos dinero en transportes, almacenajes, espacio, etc. Nos alejaremos del concepto «que no toque el suelo».

Antes de cualquier paso, analicemos si el *layout* es un aliado o un enemigo y, si es esto último, cambiarlo. Si para ello algún proceso ha de cambiar, analícenlo y avancen en ello.

Un buen *layout* físico es fundamental para cualquier proceso.

3.11. PROCESOS ROBUSTOS Y PARO AL PRIMER DEFECTO

Es clave para cualquier filosofía de mejora obtener procesos robustos, fiables y que nos permitan saber que el resultado de realizar el proceso será el esperado, persiguiendo el bien hecho a la primera.

En muchas ocasiones se observan procesos, ya sean directos sobre un producto o sobre un proceso de gestión, administración... perfectamente descritos, estandarizados, en muchos casos recargados y que, por su propio diseño, fallan continuamente. En un intento de dar la forma de gran tecnología, carecen del cumplimiento del objetivo para el que fueron creados porque se han obviado características sencillas que aseguraban que el proceso sea seguro y fiable; un casquillo de guiado de una broca con material blando, cuyo desgaste modifica el correcto posicionado del taladro resultante, su falta de casquillo o su posición lejos del punto de taladrado (y esto, en una máquina en la que se había aplicado muy alta tecnología y finalmente carecía de lo más elemental).

Esta es una vertiente; también existen los procesos para máquinas del tipo de las propuestas en el antiguo tebeo por el profesor Franz de Copenhague. Esto no se estudia en ninguna facultad de ingeniería, pero tiene una legión de seguidores increíble. Por último, el proceso «ahorro» en utillajes, porque «es sencillo» y el ahorro inicial se transforma en un sobrecoste permanente, que en poco tiempo se ha comido todo el «ahorro» de hacer o construir algo «sencillo» y económico.

Con lo anterior se puede entender que propongo máquinas o procesos caros. Nada más lejos de la realidad. Lo que propongo son procesos sencillos pero robustos y eso exige un buen análisis previo conociendo las características del producto y lo que se espera de él; un análisis con rigor que tenga en cuenta las variables y el histórico de problemas para erradicar estos desde un principio. Hay que utilizar la metodología Lean para su diseño y diseñar por procesos para que estos sean Lean.

Al proceso robusto va asociado no permitir que nada pase a la fase siguiente si no es correcto y, para evitar que eso se produzca, hay que aplicar el paro al primer defecto.

Esto suena duro y lucha contra el voluntarismo (¡ojo con el voluntarismo!) de obtener la producción a toda costa. Un principio básico del Lean es la persecución de «cero defectos» para el cliente y recuerdo que cliente es el siguiente del proceso.

Si un proceso se permite que realice producción sin asegurar la bondad de esta al 100 %, ha de pararse y, si por circunstancias especiales, esto no puede ser, hay que poner un filtro o una verificación que asegure en este punto que ni una sola unidad pasará a las fases siguientes si esta no está según especificaciones. De entrada, esto nos parecerá muy caro, pero será la solución más económica, puesto que evitará mayores costes en fases posteriores o en el cliente.

Ver más adelante un ejemplo simulado de un escalado de sobrecostes si no detectamos y no paramos la generación de producción defectuosa a tiempo.

Y la solución en cualquier paso es intervenir en el proceso para eliminar la causa raíz del problema.

Si va a aplicar un proceso Lean, tendrá que asumir este concepto e inculcarlo a su organización, y lograr que sea ley a respetar sin excepciones.

He hecho este cálculo como ejemplo para todas las empresas en que he trabajado, para que se aprecie visualmente la importancia de la detección precoz de un problema. En este caso los valores para este ejemplo serán ficticios, pero el esquema será válido para su empresa.

Al producto lo denominaremos *parachoques delantero*. Es una pieza de plástico pintada del color de la carrocería y que se suministra a un fabricante de automóviles en línea de montaje, directamente en JIT secuencia.

El proceso tiene dos fases básicamente (obviaremos más complicaciones). La primera consiste en la inyección de la pieza y la segunda, en la pintura de la pieza en uno de los quince colores distintos que pide el cliente, con una antelación de cuatro horas antes de su montaje en la línea; nuestras factoría se halla a 5 km del punto de montaje de esta pieza. Una vez inyectada, existe un *stock* de piezas de aproximadamente dos días y una vez pintadas de un día de promedio entre el total de los quince colores. El consumo diario es de mil unidades, el coste de la pieza inyectada es de 15 €, el de la pieza pintada, 40 € y la pieza puesta en el punto de consumo del cliente, 50 €. Eso sin tener en cuenta ningún precio de venta, solo los costes a este nivel.

En el momento de la inyección, un alojamiento que ha de permitir el posterior anclaje de unos cables por parte del cliente se ha obturado.

Si se detecta y se para en el momento en que ocurre, el coste puede ser de un máximo de diez piezas $\Rightarrow$ 150 €.

Si se detecta en el momento antes de pintar:

$$2\,000 \times 15 = 30\,000\,€$$

Si se detecta después de pintado:

$$2\,000 \times 15 = 30\,000\,€$$
$$500 \times 40 = \frac{20\,000\,€}{50\,000\,€}$$

Si se detecta en el momento de la expedición:

$$2\,000 \times 15 = 30\,000\,€$$
$$1\,000 \times 40 = \frac{40\,000\,€}{70\,000\,€}$$

Si se detecta en el punto de montaje:

$$2\,000 \times 15 = 30\,000\,€$$
$$1\,000 \times 40 = 40\,000\,€$$
$$200 \times 50 = \frac{10\,000\,€}{80\,000\,€}$$

Esto solo en el valor del producto, que es el menor coste, puesto que, si hay que reponer o seleccionar todos los stocks, será un problema más grave. Pero será grave del todo si esto provoca un paro en la línea del cliente y un desabastecimiento. El coste económico puede ser descomunal y el posicionamiento de la empresa, crítico.

En todo esto, el paro y el coste de reparación del problema habrá sido el mismo parando antes que si se siguiera produciendo, reparar y resolver el problema después de haber incurrido en los sobrecostes por falta de calidad.

Este es un ejemplo de consecuencias graves si se detecta en el momento del montaje, pero, en otros tipos de productos y formas de operar, los costes pueden ser astronómicos por el nivel de stocks y reposición. Para la industria alimentaria, el problema puede llegar a ser de supervivencia.

Como se ve, un proceso que impide la detección temprana de un problema puede ser y, de hecho, es potencialmente muy caro.

3.12. LO SENCILLO FUNCIONA

Uno de los problemas más comunes es ver procesos altamente complejos o complicados con problemas de todo tipo:
- Altos costes de desarrollo.
- Altos costes de mantenimiento.
- Paros constantes.
- Precisar personal muy especializado.
- Poca flexibilidad, etc.

Y es que, cuando se genera el proceso, parece como una carrera para ver cuántos automatismos, controles... se incorporan y esto nos hace sentir más seguros —«¡Por si acaso!»— y más técnicos —«¡Mira qué proceso más complejo!»—, etc.

Pero como ya apunto en el apartado «El cliente», en muchos casos son innecesarios o podían haberse resuelto de otro modo más sencillo.

Un ejemplo es, en muchos procesos, el exceso de supuestos *poka-yokes* con aplicación de fibras ópticas u otros sensores, y el cada vez menor uso de sistemas que se controlen por la propia geometría del producto, lo cual reduce costes, tanto de las máquinas como del proceso y del mantenimiento posterior. En demasiados casos, estos sensores se estropean o se desajustas, y la disciplina, cuando esto pasa a ser habitual, se relaja y se acaba trabajando fuera de control, con lo que la situación es peor que con procesos más sencillos.

La historia nos da múltiples ejemplos, pero sin duda el que se atribuye a Alejandro Magno es muy ejemplarizante. Cuenta la leyenda que Gordias, un campesino, fue elegido rey de Frigia y fundó la ciudad de Gordia. Como agradecimiento a Zeus, ofreció su carro atado a la lanza y al yugo con un nudo, cuyos cabos se escondían en su interior, tan complicado que nadie lo podía soltar. Este nudo tenía añadida la profecía que quien lograra desatarlo conquistaría Asia. Así pues, todos los pretendientes a conquistadores de Asia habían pasado por el templo e intentado desatar el nudo de forma infructuosa.

Cuando Alejandro Magno conquistó Frigia (actual Anatolia en Turquía) él también se enfrentó a este reto y, después de verlo y analizarlo, sacó su espada y lo cortó, diciendo: «Tanto monta cortar como desatar» y conquistó Asia. Solución sencilla a un problema *imposible*.

Existen múltiples ejemplos en nuestra vida diaria de solución de problemas complejos con soluciones sencillas y son estas las que nos aportan ventajas competitivas.

Cuanto mayor es el problema, más sencillas es la solución.

3.13. QUE NO TOQUE EL SUELO

Esta es una frase que es preciso tener presente en el análisis de cualquier proceso y es que, cuando se habla de Lean como producción ajustada, esbelta, limpia... yo añado *lineal*. Para ello, hemos de imaginar que todo el flujo ocurre en una línea tan fina que tienda al volumen o grosor de una pieza o de la mínima unidad de embalaje o de movimiento. Es decir, si se evita que se acumulen piezas, documentos o decisiones en alguna parte del flujo, se incrementará la eficiencia, se reducirán tiempos, movimientos y se mejorará el coste.

Está claro, por múltiples razones, que en un puesto de trabajo, sea el que sea, es preciso trabajar en un flujo pieza a pieza, sin acumulaciones (*one piece flow*), pero también es fundamental ser capaces de crear procesos, tanto productivos como de gestión, que no acumulen piezas o documentos entre puestos de trabajo. Es decir, lo óptimo sería que de un puesto a otro las piezas pasen de una en una sin almacenaje alguno. Esto se ve muy claro en una línea de montaje para coches en que este pasa de un puesto a otro en el intervalo de *takt time* establecido. Pero no en todos los procesos existen líneas continuas que permitan esta opción, ya sea por volúmenes cortos o porque técnicamente precisan procesos específicos que no permiten esta posibilidad de una línea, como en las fábricas de automóviles o para productos de grandes series, pero no por ello hay que dejar de plantear los procesos lo más compactos posibles.

Cuando nos planteamos que una pieza vaya al «suelo», ya sea por un paso intermedio u otras razones, hemos de plantearnos muy seriamente si podemos evitarlo. ¿Hay otra forma? Esto no es solo válido para piezas, también lo es para los flujos administrativos o de *management*, puesto que, para todos los casos, la velocidad y el *lead time* nos proporcionarán ventajas competitivas.

3.14. LA VELOCIDAD

La velocidad para la realización de las acciones es fundamental y una actuación, una gestión rápida y eficaz es imprescindible.

La frase anterior no solo la suscribo y la impulso, sino que la aplico en todos los órdenes de la vida. Pero es preciso comentar algunos aspectos de esta velocidad para que no sea una causa de la generación de caos y «pollos descabezados».

Velocidad y *rapidez* sí, y siempre que sepa a dónde voy o he de ir, cómo y con qué.

Estos matices son fundamentales: si no sé ni dónde, ni cómo, ni con qué, correr no sirve de nada, solo consumir energías y recursos que en muchos casos no servirán para nada; habré perdido tiempo y dinero. Si nos hallamos frente a un problema o un escollo, lo primero que hay que hacer es analizarlo (para ello algunas herramientas Lean pueden ayudarnos) y encontrar causa y solución. Si conocemos la causa y no la solución, lo que podemos tomar son medidas paliativas, pero hay que trabajar en encontrar la solución y, solo en el momento que la tenemos, la velocidad de nuestros recursos y su capacidad han de forzarse al máximo para que la aplicación sea lo más rápida posible.

En este punto voy a explicar algo con lo que me he encontrado en múltiples ocasiones. Una vez hallada la solución a un problema (la mejor no existe, puesto que, posiblemente un año más tarde, encontremos siempre otra mejor y así sucesivamente —mejora continua—), esta precisa de un gasto o de una pequeña inversión y, en este punto, el caso pasa a áreas de gestión económica, ya sea compras, finanzas o ambas, y se dilata la solución para encontrar un posible ahorro de un 10 %, pero que se demora en un periodo de semanas. Pues bien, en la mayoría de casos, el sobrecoste que mejora la solución es mayor durante ese periodo que el ahorro obtenido. En otros casos hay que atender a largos formulismos y mecánicas de control que no aportarán nada (recuerde «la función crea el órgano»), mientras que el sobrecoste sí se seguirá produciendo y, ante la exigencia de mayor celeridad, la respuesta será «haberlo propuesto antes». ¿Antes de qué? ¿De tener la solución?

¿Quiere esto decir que no ha de haber control? No, ni mucho menos, pero este ha de estar orientado como un servicio ágil que no pare la acción.

Al hilo de esto, una reflexión sobre los tipos de empresas. Existen históricamente dos tipos de empresas:

- *Elefante*: empresas de gran tamaño, generalmente clásicas, con buen posicionamiento en su mercado, que tienen un gran volumen pero con una gestión burocrática lenta, decisiones lentas y velocidad lenta. Cuando deciden entrar en algún mercado nuevo, están preparando el terreno con mucha antelación y, cuando entran en él, causan una profunda huella.
- *Ratón*: es una empresa pequeña, generalmente emergente, con posiciones pequeñas en el mercado, con poco volumen; entran en todos los mercados que pueden y lo hacen a gran velocidad de decisión. Pero son pequeñas y, si no están muy atentas, cualquier situación las hace desaparecer, pisadas por el elefante.

Ambos tienen problemas cuando en su ecosistema aparece la que, para mí, es la empresa o la organización óptima: el puma. Es depredadora, rápida, bien posicionada, ágil, de tamaño medio, robusto, puede entrar rápido en los mercados y sale con el mínimo de heridas.

Si analizamos, en las últimas décadas estas últimas han copado los puestos de cabeza en el mundo económico y hemos visto, en su mismo ecosistema, cómo grandes paquidermos han pasado a ser segundones. El mundo de la informática electrónica nos aporta buenos ejemplos. Empresas consolidadas en un momento dado hoy no existen o no son un referente: Blackberry, Motorola, Nokia, Philips, etc. Mientras que el referente son las empresas ágiles: Microsoft y Apple. Esta última es un ejemplo: cuando se convirtió en elefante casi desapareció y, cuando Steve Jobs le aplicó creatividad y velocidad, se convirtió en el referente mundial.

El secreto está en no perder la velocidad del puma, aunque tu tamaño sea mayor que un elefante.

Velocidad sí y mucha cuando se sabe a dónde ir. «No hay buen viento para el barco que no sabe adónde va».

3.15. ESTANDARIZACIÓN

¿Qué dice la RAE de *estándar*? «Que sirve como tipo, modelo, norma, patrón o referencia».

Estandarizar será crear estándares, o sea, tipos, modelos, normas, patrones y referencias.

¿Dónde aplicar estándares? En todos los ámbitos de la gestión, procesos, trabajos, etc.

¿Para qué nos servirán? Para realizar cualquier tarea de un modo predeterminado, previsible y con resultados invariables, para fijar un estado de arte en nuestro conocimiento.

¿Cuándo? En todo momento, desde la situación actual, sea la que sea.

¿Son inamovibles? Hasta que no se define otro estándar contrastado, sí.

¿Cuándo se cambian? Cuando se ha contrastado que existe una forma o un modo mejor que asegura una mejora, ya sea de productividad o de calidad en el resultado final.

¿Qué motiva un cambio? La necesidad procedente, ya sea de un problema o varios generados por el actual estándar, que este no es capaz de evitar o, como consecuencia de un análisis de mejora continua, se halla un modo que mejora el proceso anterior y como consecuencia, el estándar.

Todas estas preguntas y respuestas merecen y necesitan una explicación adicional y completa.

No podemos avanzar ni mejorar si no conocemos nuestro estado actual y real. Precisamos procesos y flujos estandarizados, necesitamos valores de los procesos estándares.

Imaginen que queremos construir un puente entre las dos orillas de un río, pero que este cambia su curso cada año según sea el régimen de lluvias o de deshielo. Las primeras dudas serán: «¿Dónde ponemos el puente? ¿En el curso de este año? ¿En el del pasado? ¿En el de hace cinco años? ¿Hacemos un puente para cada curso diferente?».

Está claro que esta solución última sería un despropósito caro y poco seguro de servir siempre; por tanto, lo primero que será preciso es canalizar el río, fijar un flujo que no cambie según los años. Esta función será estandarizar el flujo del río.

Respecto de los medibles (KPI - *Key Performance Indicators*) es similar. Imaginen una conversación entre científicos en la que uno se expresa en pulgadas, otro en millas, otro en metros, otro en palmos, otro en varas. Sería caótico, puesto que hablarían de lo mismo con valores distintos y, claro está, las millas marinas o terrestres son distintas, los palmos pueden ser según los del científico y las varas tienen diferentes valores en diferentes territorios. Esta simplificación se transforma en un galimatías cuando, en las empresas, se utilizan medibles distintos para procesos similares y que, con el

mismo nombre, recogen valores distintos. Seguro que todos conocen casos suficientes:
- productividad
- rendimiento
- eficiencia
- absentismo
- siniestralidad
- facturación/persona, etc.

Seguro que, en cualquiera de ellos, muy comunes en las empresas, las fórmulas y los conceptos que en ellos se emplean, varían entre empresas y entre plantas de una misma empresa.

Ejemplo: cuando se habla de siniestralidad, hay empresas que tienen en cuenta accidentes *in itinere*, otras que no, otras no valoran los accidentes sin bajas laborales, etc.

Como cualquier viaje que empezamos cuando consultamos un mapa para preparar el itinerario, lo primero que miramos es de dónde partimos, puesto que, si no sabemos dónde estamos, tampoco sabremos ni las etapas, ni si el itinerario escogido nos lleva al destino esperado.

Por tanto, primer paso: conocer y fijar el estándar actual —que no es perfecto y ni seguramente bueno, pero es el mejor que se tiene en este momento— y cumplirlo disciplinadamente.

Este trabajo inicial ya es una buena actividad de mejora, pues nos permitirá discernir de los actuales modos de hacer y producir el que pueda ser más óptimo o, como se podría decir, el menos malo. Hay que asegurarse que la organización lo sigue y lo respeta; de lo contrario, como en el caso del río, cada vez tendremos un resultado distinto.

No son inamovibles. Por el contrario, han de ser vivos y es sobre ellos que se trabaja y se mejora el resultado. Pero que estén vivos no significa en modo alguno que cada día cada turno o cada ejecutante los cambie a su voluntad y libre albedrío. Como ya comenté, los que están definidos hay que respetarlos y cumplirlos. Los estándares no son compatibles con «cada maestrillo tiene su librillo». Esto último está muy bien para artesanos y artistas, pero es del todo inaceptable en los procesos industriales. En el mundo productivo, entre «el maestrillo» y «su librillo», y el estándar siempre ha de prevalecer este último y hay que erradicar al «maestrillo» como parte de la eliminación del caos. ¿Quiere esto decir que hay que prescindir del conocimiento del «maestrillo»? No, pero este conocimiento hay que dirigirlo hacia la mejora del estándar. He conocido la situación de encontrarse en un proceso continuo a tres «maestrillos», uno en cada turno; en general, obtenían unos resultados aceptables según sus experiencias individuales. Lo que hubo que hacer fue poner en común tanto las experiencias individuales como los «librillos» de cada uno, contrastando la bondad de cada solución individual a un mismo problema y llegando a aceptar la que era mejor para cada problema; todo ello se plasmó en el estándar de actuación. ¿Resolvió el problema de los «maestrillos»? Pues en un principio fue duro, puesto que el resultado final del estándar no era exacto al de cada uno de ellos y se tuvo que aplicar una formación y un seguimiento a cada uno de ellos, hasta que se logró un alto nivel de uniformidad y de cumplimiento del estándar. Pasado un corto tiempo, los resultados mejoraron fuertemente y, cuando al cabo de un poco más de tiempo, cada uno de ellos valoró que el estándar recogía una parte de él y que los resultados eran mejores por aplicar que las mejores prácticas de cada uno de ellos y que esto les creaba menos tensión y menos estrés, pasaron a ser los mejores ejemplos para el resto de la compañía, tanto por resultados como por satisfacción personal.

¿Quiere ello decir que primamos o exigimos el pensamiento único? No, porque la capacidad de pensar diferente aporta matices, propuestas, alternativas y en definitiva potenciales mejoras que se esperan y se deben fomentar y motivar a todo el personal. Por tanto, hay que potenciar el pensamiento plural y la aportación de ideas y de opiniones que pueden ser alternativas, en ello radica la base de la mejora continua y ni podemos ni debemos acallar este potencial.

Lo que ocurre es que estas ideas hay que presentarlas como sugerencias, propuestas o incluirlas en los equipos de mejora; cuando estén evaluadas y sean un avance o una mejora, hay que incorporarlas a la norma o al estándar, o cambiar radicalmente normas y estándares si ello es un avance seguro.

Los estándares ayudan a que el trabajo sea menos agotador, menos estresante y más eficiente.

Es menos agotador, porque permite realizar la tarea con menor esfuerzo. Es conocido que nuestro cerebro consume mucha más energía en nuestras actividades conscientes que en nuestras actividades reflejas y una norma o un estándar acercará más nuestro trabajo a una actividad refleja que a una consciente, puesto que una parte de esa actividad pasa a ser mecánica y, por tanto, refleja. Cuando no hay estándar, el proceso cambiante, ya sea por el propio ejecutante como por el cambio constante de las condiciones, obliga a una mayor atención del cerebro a lo largo de todo el proceso.

Es menos estresante puesto que, al conocerse la forma correcta de operar las dudas que generan la falta de procedimiento y el estado de inseguridad, generan un estado de estrés en aquel que ha de realizar o realiza cualquier actividad más eficiente. Sin duda, puesto que el trabajo pasa a tener una componente de garantía del resultado final, que asegura que el trabajo se realiza bien a la primera y, si surgen dudas, siempre se puede consultar con la norma, sea escrita o también con muestras físicas. En resumen, entre el producto esperado y el obtenido no habrán diferencias.

El estándar es una cuña que impide el retroceso de las mejoras obtenidas. Imaginemos que estamos empujando nuestro coche en una pendiente y que esto representa un gran esfuerzo. Si desfallecemos, si nos resbalamos u ocurre cualquier incidente, el coche rodará hacia la pendiente con la pérdida del terreno ganado y posiblemente con un incidente mayor. Para estos casos, siempre utilizamos una piedra que colocaremos detrás de la rueda a modo de cuña para evitar que el coche ruede hacia atrás (alguien dirá que por qué no frena el coche desde dentro con el conductor y, claro, eso implica que uno de los usuarios, en lugar de estar fuera, se convierte en un peso más a subir; por el contrario, si este mismo usuario va colocando la cuña en cada avance, este será mayor y menos costoso).

Pues bien, la pendiente es el nivel a alcanzar constantemente con la mejora (siempre hacia arriba). La rueda, que es donde se sustenta nuestro vehículo, es la rueda de Deming; el grupo que empuja, el equipo de mejora; quien coloca la piedra o la cuña es quien redacta y fija el estándar; la piedra para evitar que la mejora retroceda es el estándar definido.

Como se puede apreciar, la estandarización es fundamental en cualquier proceso de mejora, pero incluso para no empeorar.

3.16. LA FORMACIÓN

Si como organización o como dirección sabemos hacia dónde queremos ir, no será suficiente con saberlo, habrá que comunicarlo y explicarlo. Eso no será suficiente (muchos mánager creen que con estos dos puntos ya basta), sino que se habrá de dotar de los instrumentos adecuados para navegar hacia el rumbo que se quiere tomar, reconocer el itinerario y las singladuras que habremos de recorrer hasta llegar al puerto, la meta o nuestra Ítaca. Para cada una de estas singladuras, ¿qué hemos de aportar y qué esperamos obtener?

Todos estos aspectos pueden ser parte de un plan de negocio, un plan de viabilidad, un plan de cambio, un cambio de objetivo, un cambio organizativo, un cambio de paradigma, un cambio en la orientación de negocio y mercado, etc.

Es casi seguro que, en muchos casos, todos estos pasos se siguen, pero hay uno que es vital para el éxito y que en muy pocas ocasiones se tiene en cuenta o no en la suficiente medida y es la **formación** en mayúscula y en minúscula.

Sucede a menudo que, cuando se inicia un cambio de cualquier tipo, nos olvidamos de la formación precisa, tanto vertical como horizontal de este cambio, y esto genera que el cambio tenga como mínimo dos velocidades: la del que sabe adónde va y el resto que quedan a remolque. Esto genera graves tensiones que desmotivan y desmiembran la compañía, convirtiendo en «incapaces y obsoletos» a personas que sí son capaces y válidas, pero que solo han recibido información, pero no formación, para el cambio. La empresa recurre a sustituciones, a despidos, nuevas contrataciones, etc. que no siempre resultan la mejor solución. En otros casos, lo que se genera con las tensiones es el fracaso de un buen proyecto y cambios en la dirección. En cualquier caso, las consecuencias para la empresa son nefastas.

El no formado se encuentra en una situación que se le pide que vaya hacia una dirección, pero sin que se le forme o explique cómo y con qué (el porqué ya tiene que haberse explicado con la información inicial). Esto genera un estado de estrés y de inseguridad que redundará en la eficacia del empleado, siendo cada vez peor y más alejada del objetivo, lo que derivará en conflicto, y más cuando, en lugar de formarse, le recrimine sus faltas.

¿Formar en qué y para qué? Estas son las preguntas más importantes y las primeras a contestarnos; después ya vendrá a quién, a qué nivel, quién forma, dónde, etc.

El orden correcto es preguntarnos para qué y esto exige conocer cuál es nuestro objetivo empresarial y en qué campos queremos actuar. Si no conocemos el para qué, difícilmente evitaremos la dispersión y la falta de alineamiento. Ejemplos: si la empresa decide apostar por la internacionalización, sería poco adecuado formar a todos en Lean Management o Lean Production, pero sería más adecuado formarlos en idiomas y en cultura de los países objetivo de nuestra internacionalización.

Por el contrario, si la apuesta es la aplicación de sistemas de trabajo y gestión Lean, no serán los idiomas ni la cultura de otros países (aunque sea Japón) los que se precisará formar y sí en conceptos y herramientas Lean.

Son ejemplos muy sencillos y en algunos casos pueden ser apuestas coincidentes; pero, cuando eso sea así, habrá que definir a quién se forma en qué.

Como vemos, definir *para qué* nos sitúa en el escenario del *en qué*. Por tanto, la formación *para qué* ha de venir definida como parte de los planes estratégicos, tanto a corto y medio como a largo plazo. No es una decisión individual, no es una decisión del jefe de un departamento, ha de estar ya orientada por la dirección en el plan estratégico.

Una formación que ha de formar parte de todo plan estratégico comprende aquellas formaciones que van dirigidas a crear polivalencias entre personal y puestos.

Llegados a este punto, es necesario hacer una precisión: en muchas empresas ya se realiza formación en polivalencia (sin entrar en la calidad de esta) en las áreas de producción con los operarios. No ocurre lo mismo en el resto de áreas y tan válidas son las razones para hacerse en un sitio como en el resto, ya que los valores positivos son los mismos.

Por tanto, la formación ha de tener como componentes las siguientes metas:
- Mejorar la polivalencia.
- Estar definida desde el plan estratégico.
- Desplegarse verticalmente, alineada con el plan estratégico.
- Planificada tanto en los contenidos como en los formados y en los formadores interdepartamentales.

No puede ni debe ser:
- Personal (según los deseos del individuo).
- Sin planificación.
- Al margen de las necesidades de la empresa.
- Sin contenidos.
- Sin formadores adecuados.
- Descoordinada entre departamentos.

La pregunta que puede surgir será cómo se forma el individuo en aquellas materias que no están en el plan estratégico. ¿No va a participar la empresa? ¿Mi crecimiento personal no importa?

Sí, el crecimiento personal y la formación continua del empleado importa. Para ello, cada empresa puede, según sus posibilidades, crear apoyos, becas u otras formas para el apoyo individual, pero no dentro del plan de formación si esta no está alineada al plan estratégico.

A todo esto, si decidimos aplicar un proceso Lean a nuestra empresa, ¿cómo hemos de contemplarlo?

Un cambio o una apuesta por dirigir la empresa dentro de la filosofía Lean precisa una formación en toda la cadena de procesos de la compañía desde el director general hasta el operario, cada uno en el ámbito que le aplica.

Así pues, de poco servirá formar al equipo de producción, ingeniería, logística, finanzas, etc. Si la dirección no se alinea claramente con la filosofía y no comprende la importancia que pueden tener sus decisiones para que el proceso no acabe en fracaso. Y, en sentido contrario, de nada sirve que la dirección esté formada y alineada con el concepto Lean, el líder también, pero el resto del personal no. El resultado será un muro con poco valor. Es un objetivo, a través de la formación Lean, motivar a todo el personal y a su vez lograr que todos los componentes de la plantilla se conviertan en ingenieros de mejora, tanto por sus ideas como por las aportaciones al logro de la implantación de estas.

Cuando alguien conoce lo que se espera de él o ella y sabe cómo lograrlo, se convierte en un motor de alta eficacia y un generador de buen ambiente. No teman en ser didácticos, el entorno lo agradece y mejora su competencia personal, aumentando de forma geométrica el resultado y reduciendo el esfuerzo para lograrlo.

3.17. ANÁLISIS MODAL DE FALLOS Y EFECTOS (AMFE)

He de reconocer que, cuando conocí esta herramienta al final de los años setenta y que era una exigencia de Ford, me pareció «una de esas cosas que pide el cliente y no sirve para nada», y lo cierto es que veía a los auditores de Ford como unos pesados por su insistencia en este *pesado* asunto. He de admitir que era un pecado de juventud y de ignorancia; hoy soy un ferviente discípulo de aquellos *pesados* y les agradezco el esfuerzo que hicieron con todos los proveedores para aplicar conceptos técnicos de gestión y mejora que en las industrias españolas nos eran desconocidos.

Análisis Modal de Fallos y Efectos (AMFE)

Esta herramienta es muy utilizada en algunos sectores industriales y es requerida por muchos clientes de sectores punteros como la electrónica o los automóviles.

Aconsejo fervientemente utilizarla en todos los ámbitos de la empresa. Es fundamental para el desarrollo de nuevos proyectos y la recogida de las casuísticas de un producto durante el periodo vida/serie. Pero también es útil en el resto de flujos o procesos de una empresa o servicio, porque permite conocer el histórico de problemas y la solución dada a estos en futuros procesos, evitando los aspectos negativos por los que ya se ha pasado.

Es costumbre que para cada proyecto se realice un AMFE exclusivo de este y que se mantiene a lo largo de la vida del proyecto/producto y en él se incorporan los hechos acaecidos sobre este producto. Esto está bien, pero es insuficiente, puesto que no asegura que sea trasladado en horizontal a otros productos o procesos similares, con lo que se pierde un valor de experiencia y mejora.

Pero esto no es suficiente puesto que, cuando nos enfrentamos a un proyecto nuevo, siempre empezamos o tomando como base un proyecto «similar», con un documento o formulario en blanco del que solo conocemos el flujograma del producto. Esto fuerza a una ingente labor de conocimiento, memoria, experiencia y de personal altamente cualificado de las diferentes «experiencias» de nuestros procesos, sin asegurar que vamos a tener en cuenta todos los ítems y todas las experiencias.

Mi consejo es la confección de un AMFE genérico, donde se contemplan todas las casuísticas de todos los AMFE de todos los procesos agrupados por grupos de tecnologías o partes del proceso. Cuando se hace una modificación en un AMFE concreto, también ha de hacerse en el AMFE genérico, en el grupo o parte que corresponde y, si hemos informatizado el sistema de ejecución y de gestión de AMFE, el sistema nos ha de indicar en qué otras piezas o procesos se han usado en esa parte del AMFE genérico y así poder actualizar en cada AMFE específico este ítem si realmente le afecta y tomar, para esos otros productos, las acciones mejoradas que se han realizado en el producto origen del problema o de la mejora. Esto asegura la aplicación horizontal de la mejora y la robustez a otros proyectos.

Pero esta no es la única ventaja; cuando nos hallemos frente a un nuevo proyecto, si tomamos el AMFE genérico, nos será más fácil hacer una copia de este y, sobre la copia, trabajar el nuevo AMFE, sabiendo que allí está todo lo que conocemos y que, en lugar de intentar hacer un ejercicio de memoria para recordar lo que aplica al nuevo proyecto, nos será más fácil eliminar lo que no aplica y tan solo habrá que añadir aquello que hace al proyecto diferente y que no está recogido en el AMFE genérico. Lógicamente, esto último lo incorporaremos también al AMFE genérico.

Con esto lograremos tener una lista única de problemas y habremos creado una guía de nuestro *know how* completo y, si esto está hecho, tanto para producto como para proceso, se conseguirá que el conocimiento de la empresa no se disperse y sea «personal» y que llegue o se vaya con la persona, siendo el conocimiento de la empresa variable o dependiente.

Pero aún tiene un valor más para la empresa y es que, cuando en ella se incorpora un nuevo empleado y está en formación, la mejor guía de formación será el AMFE, puesto que le permitirá seguir el proceso y conocer qué problemas y soluciones hay para cada punto. Será una herramienta muy potente, tanto para el formado como para el formador, ya sea para todo el proceso como para parte de él que le sea encomendado.

Muchas empresas desprecian el potencial del AMFE y pocas aplican el AMFE genérico o lista única de problemas a pesar de ser el auténtico valor de conocimiento que esta tiene, así como un modo de ganar tiempo y eficacia en el desarrollo de nuevos proyectos. Si consultan o leen sobre AMFE, se presenta como una herramienta de calidad, de la cual emanan los planes de control etc. En este apartado no pretendo formar sobre el uso habitual de la herramienta, sino de este paso que va más allá del AMFE para un producto y proceso, del valor del genérico o global.

3.18. EL ESPACIO ES CARO

El espacio es caro; de hecho, muy caro. En nuestros análisis Lean en muchos casos se desprecia el valor del espacio. En algunos casos porque tenemos de sobra, en otros por desconocimiento.

Aun en los casos en que el espacio sea sobrante, hemos de concebir los puestos de trabajo en su dimensión ergonómica justa y nunca sobredimensionarla, así como los servicios auxiliares como espacio para componentes, producto en curso, etc.

Todo milímetro de más implica un movimiento superior y más tiempo de ejecución, más desplazamiento de producto, componentes y producción en exceso, mayor grado de ocupación que fuerza la falta de capacidad de la planta.

En una planta de nueva construcción, en el momento inicial de ubicar las máquinas y los puestos de trabajo, ubiqué estos siguiendo primero un *layout* general de flujos de la planta a plena capacidad (en esta primera fase se ocupaban 600 m^2 de un total de 4000 m^2 disponibles) y dejando, para cada ubicación, los espacios justos e imprescindibles para los procesos ubicados, y delimitando el resto vacío para que no pudiera ser ocupado ni por «motivos puntuales» ni «solo unos días», etc. forzando desde un principio a producir en las condiciones normales y sin permitir que los espacios vacíos fueran espacios de caos, almacenes irregulares u otras ocupaciones no previstas ni deseadas.

Cuando se aplican estos criterios, la capacidad de optimizar los espacios aumenta, permitiendo, en caso de necesidad de crecimiento, no precisar de más naves o plantas, lo cual mantiene los costes de escala hasta que el volumen de necesidades colapse de forma real el espacio disponible, pero no después de un análisis, ajuste y optimización del disponible.

Un factor a revisar para la optimización de espacios son los almacenes y esto en varias líneas:

- Volumen de stocks. ¿Es preciso tanto *stock*? ¿Hemos apurado tanto los *kanbans* internos como los de aprovisionamiento para reducir stocks?
- La reducción de stocks tiene desde luego efectos positivos en las finanzas y en la rotación del capital, pero también en los costes operativos.

¿El almacenaje está optimizado?

En algunos casos para los almacenes se tiende a soluciones o poco fiables o altamente sofisticadas a través de sistemas de radiofrecuencia. En cualquier caso, con alta dependencia informática.

Otro elemento de los almacenes son los stocks que son variables, tanto en el aprovisionamiento como en la expedición, lo cual fuerza a disponer de espacios fijos, que, en ocasiones, están llenos y sobrepasados, y en otros momentos, vacíos y ociosos. Eso ocurre cuando, justo al lado, otros productos llevan un ciclo distinto que hace que estén unos espacios vacíos mientras otros están llenos incluso por encima de su capacidad.

Si queremos dar acomodo a todas las situaciones límite con aseguramiento del FIFO (*First In, First Out*), nos encontraremos ante una necesidad de almacén muy grande y no siempre optimizada.

Siempre hay quien piensa que eso se mejora reduciendo stocks y planificando las entradas y las salidas para que esto no ocurra o se minimice. Si estas líneas son adecuadas, sobre todo la primera, la segunda ya es más compleja y más cara; aún así, no soluciona el problema.

He vivido situaciones muy curiosas de almacenes con estanterías perfectamente optimizadas en altura y volumen, pero, al valorar los espacios para las carretillas y las dificultades de mantener y gestionar un FIFO y la limpieza, hice desmontar estas estanterías y almacenar en superficie en embalajes estándar y sobre pequeñas plataformas con ruedas, lo que, apilando cajas hasta una altura de 1,5 metros de altura, permitió aumentar la capacidad de almacenamiento por metro cuadrado, crear carriles para control FIFO, reducir o eliminar carretillas, facilitar el conteo y el control.

En otros casos, las estanterías dinámicas para productos o componentes pequeños son una solución mejor que estanterías de altura con carretillas.

Hace algunos años me mostraron un sistema que, desde entonces, he aplicado con gran éxito de resultados; almacén FIFO caótico.

El contrasentido aparente a quienes lo hemos tratado ha sido curioso —asegurar FIFO en un almacén caótico— y más cuando les he mostrado que para ello no se precisan sistemas informáticos y que, por tanto, no tienen fallos de *software*, ni de lectores de códigos de barras, ni de falta de tensión eléctrica, ni se precisa consultar terminales para conocer en qué lugar retirar productos o componentes.

Este sistema está pensado para almacenamientos sobre carros o plataformas móviles, o para almacenamientos en estanterías dinámicas.

Atención al espacio; repito, mal gestionado es muy caro además de problemático.

3.19. LEAN Y SIX SIGMA

Cuando nos adentramos en el mundo de la mejora continua, hay un punto en que puede y, de hecho, se incurre en una duda: en qué consisten estas dos filosofías.

Si se analizan las definiciones que se pretenden desarrollar para ambas, se orientan en líneas de actuación similares, Lean dirigida a la mejora en la línea de la productividad, costes, incremento de capacidades etc. Por el contrario, Six Sigma se orienta a la reducción de los rechazos o de los problemas hacia niveles de aproximadamente cuatro partes por millón.

Para una se define o se apoya en herramientas de análisis, medibles, etc. Y para la otra se trata de incorporar herramientas estadísticas para la prevención y análisis de los resultados para después, con herramientas Lean, resolver los problemas.

Para mí no hay tal distinción, puesto que los procesos de análisis y herramientas Lean también atacan los problemas y la mejora en la calidad desde el medible FTT (*First Time Throug*) del cual se hablará más adelante, hasta la aplicación de análisis por estadísticas de proceso que se llevan utilizando desde mucho antes que Motorola definiera el concepto Six Sigma.

Sin un inicio y un proceso Lean en la empresa no alcanzaremos Six Sigma y, por el contrario, con la evolución de los procesos y proyectos desde la filosofía Lean y aplicando esta filosofía a la calidad total se llegan a obtener los resultados que se esperan desde Six Sigma.

¿Y esto por qué? Porque si consideramos los costes de no calidad, la producción no correcta, los *scraps* internos, los rechazos de cliente y, en definitiva, los costes de no calidad, como un sobrecoste o una muda que hay que eliminar y para ello se aplican los análisis de mejora continua con todas las herramientas disponibles tanto estadísticas (SPC - *Statistical Process Control*), el objetivo alcanzado será la calidad total y la productividad óptima. No se puede entender la productividad sin la calidad y la calidad sin productividad tampoco tiene futuro, puesto que podemos tener una empresa que no saca ningún producto defectuoso pero hace muy pocos y muy caros, con lo que el mercado, excepto en productos exclusivos, no aceptará nuestra oferta porque no estará dispuesto a pagarla.

Sé que este párrafo generará discrepancias y desacuerdos, pero «vender» Six Sigma como una solución para la mejora de la empresa como una fórmula de éxito por sí misma, es vender una marca que pretende dar un nivel más allá de la filosofía Lean como si esta estuviera limitada a unos niveles de objetivos que, para superarlos, se ha de pasar a otro plano y a otro nivel. Y esto no es así. Lean contempla desde sus medibles a sus herramientas la mejora continua completa y eso incluye productividad y calidad total.

Ya desde un principio, en las empresas japonesas que crearon y desarrollaron Lean, siempre se ha realizado desde la perspectiva completa del proceso y, claro está, se apoyaron en herramientas estadísticas para el análisis de la información desde simples paretos hasta estudios de capacidad de los procesos. Quiero aclarar aquí que la capacidad de los procesos no hace referencia a la cantidad que se puede producir por un tiempo concreto; esto es capacidad de producción. La capacidad de los procesos hace referencia a la robustez y capacidad estadística de repetitividad del proceso. Por tanto, la calidad está presente desde el principio y nunca ha necesitado añadirle etiquetas, ya sean Six Sigma u otras. Lo que sí es preciso es utilizar la tecnología y la estadística disponible para el seguimiento de los procesos para tomar acciones de mejora del proceso.

Lean parte de unos medibles que en modo alguno son exclusivos. A los que se definen se puede añadir seguimiento de evolución de duración de herramientas por SPC y otras para otros datos que, además de situarnos ante una realidad, nos permitirá medir después de la mejora si esta es real y efectiva.

3.20. EL LÍDER LEAN

La aplicación de la filosofía y herramientas Lean ha de contar con un líder que habrá de gestionar y regular todo el proceso. Cuando se elija a un líder, hay que tener presente cuál es el ámbito de aplicación del Lean que queremos tener. Si aplicamos Lean Management es a toda la compañía y a todas las áreas y departamentos, y si solo lo queremos aplicar a la producción —mi consejo es aplicarlo a toda la compañía, como ya he expresado antes, para que el resultado sea óptimo, pero, una vez determinado lo que implicará un perfil más genérico con conocimientos tanto industriales como de gestión o un perfil básicamente de producción— lo que sí será deseable es que acumule la mayor cantidad de requisitos de los que se detallan a continuación, ya sea de uno u otro perfil básico; estos son:

- Capacidad de liderazgo: habrá que liderar o tutelar equipos de mejora y que, para que tengan éxito, habrá de aplicar dotes de liderazgo, motivación, resolución de tensiones, egos, etc.
- Dotes de comunicación: en el proceso la comunicación será un punto crucial para el buen desarrollo del proyecto, sabiendo qué, cómo, cuándo y a quién hay que comunicar.
- Dotes formativas: habrá que desplegar las herramientas y formar en el uso de estas y en el mantenimiento de la formación al personal de los avances y cambios que se realicen.
- Constante: como una gota en la piedra, para lograr que el proceso no se estanque y retroceda.
- Respetado: en el ámbito de su desempeño ha de ser respetado, no temido y el respeto ha de venir de su historial y su capacidad y empatía.
- Eficiente: capaz de lograr los objetivos, usando los medios adecuados o los mínimos.
- Eficaz: capaz de lograr los objetivos en el plazo previsto o antes.
- Positivo: ha de saber enfrentar los problemas como oportunidades.
- Negociador: capaz de llegar a acuerdos transaccionales que faciliten los proyectos.

- Creativo: capaz de hallar soluciones y oportunidades frente a los problemas que surjan.
- Crítico y autocrítico: ha de actuar de modo crítico, cuestionando los hechos para encontrar otras caminos, y autocrítico con toda gestión para que esta no se acabe convirtiendo en caminos unidireccionales. Por supuesto, ha de escuchar las críticas que se le hagan y mejorar teniendo en cuentas críticas.
- Disciplinado, ordenado: en el ciclo de la aplicación de la mejora continua, el líder ha de ser el que conserva el orden y el método del sistema, asegurándose, por ejemplo, de que se establecen los estándares a cada evolución; que se realizan las reuniones de los equipos de mejora en los plazos previstos, etc.
- Polivalente: cuanto más conozca el entorno y lo domine, más eficiente será.
- Flexible: con la mente abierta a nuevos conceptos, nuevos paradigmas, nuevas formas de hacer y de ver.
- Inquieto: que sea capaz de ver y buscar fuera de su entorno, tanto otras formas de hacer como las ayudas exteriores que puedan aportar valor añadido.
- Estimulante: capaz de estimular ideas, innovaciones o personas.
- Convicción: ha de creer y estar comprometido con el proyecto.
- Confianza: ha de generar confianza en todas direcciones como parte de su liderazgo.

Sí, casi queremos a un superhombre, pero, en las empresas, este en muchos casos existe, aunque tal vez no se le ha detectado o no se le ha dotado de los puntos que vienen a continuación.

De qué hay que dotarlo:
- Apoyo implícito y explícito de la dirección: la dirección ha de darle un apoyo explícito en su nombramiento y

a lo largo del proceso implícito de forma que se involucre en el proyecto de un modo claro.
- Capacidad de decisión: hay que fijar el ámbito de «poder» del líder y darle capacidad de decisión clara para este ámbito, no puede ser una figura decorativa frente a responsables de línea directa con mando concreto.
- Objetivos y prioridades: hay que apoyarlo, dándole claridad a sus objetivos y prioridades, y hacer conocer a toda la organización cuáles son estos objetivos y prioridades.
- Autonomía: para que, de acuerdo a los puntos anteriores y las capacidades personales, establezca una estrategia y la consensue.
- Capacidad de movilidad en todas las direcciones y acceso a todos los departamentos. Está actuando en procesos Lean y, por tanto, ha de poder intervenir en los departamentos que interactúan con los procesos que se están mejorando (claro está, por ejemplo, que teniendo acceso a las finanzas no quiere decir que tenga acceso a los datos, pero sí a la mecánica de estos).
- Recursos humanos: disponibilidad de crear equipos de mejora y que estos estén disponibles los tiempos y horarios acordados, apoyos de ingenierías, apoyos de RR. HH., etc.
- Recursos materiales: disponibilidad de los recursos precisos para la ejecución de su labor y para la implantación de las mejoras.

Estos son unos mínimos requisitos que se han de contemplar en la figura del líder Lean, tanto los propios del individuo como los de la empresa.

*El progreso es una bonita palabra,
pero el cambio es su motivador
y el cambio tiene enemigos.*

Robert Kennedy

Capítulo 4
LA GESTIÓN DEL CAMBIO Y LA APLICACIÓN LEAN

La aplicación Lean va a representar un cambio en su compañía y en este capítulo se repasan las acciones o puntos a gestionar para un cambio con éxito.

4.1. GESTIÓN DEL CAMBIO 129
4.2. POR QUÉ CAMBIAR 131
4.3. PREPARACIÓN DEL CAMBIO 132
4.4. IMPLEMENTACIÓN DEL CAMBIO 135
4.5. COMENTARIOS SOBRE EL CAMBIO 137
4.6. CÓMO APLICAR LEAN Y LA GESTIÓN
     DEL CAMBIO CULTURAL 138

4.1. GESTIÓN DEL CAMBIO

Hay mucho escrito sobre la gestión del cambio que, por supuesto, es más completo que lo que aquí voy a desarrollar, pero no podía dejar de hacer mención de este punto, que se mostrará crucial en nuestro caso y que también lo será en otros aspectos de nuestra evolución. Ha de verse este apartado como un «no hay que olvidarse de hacer… antes y después del inicio del proyecto».

Los cambios tienen dos características que hay que tener presentes:
- Todo cambio obedece a un motivo, ya sea voluntario o impuesto, y a un objetivo.
- Todo cambio afecta a personas y, por tanto, a sentimientos, expectativas, deseos, estatus, etc.

Estos dos principios son aplicables a todos los tipos de cambios a los que nos vemos enfrentados cada día, desde los más simples a los más complejos, desde los individuales a los grandes cambios en la comunidad global.

En los cambios podemos ser parte activa. Eso quiere decir que los realizamos, los promovemos o somos parte activa en la realización de estos cambios. También podemos ser actores pasivos del cambio, ya sea porque no lo conocemos o no nos afecta o somos receptores de las consecuencias de este, ya sean buenas o malas (los cambios que suceden, por ejemplo, en las grandes instituciones políticas que cambian una característica o un modo de ejecutar o de pagar, por ejemplo, el aumento o disminución de un impuesto del que seremos afectados y en el que la gran mayoría de los ciudadanos percibirán las consecuencias sin que hayan sido ni arte ni parte). Por tanto, los cambios son muchos y afectan a las personas.

Si hacemos todos tantos cambios y tan a menudo, ya tenemos práctica y conocimientos para hacerlos. Entonces,

¿a qué viene este asunto para que merezca, en este caso, un apartado y, en el mundo, una extensa bibliografía con expertos dedicados a su investigación y aplicación?

Porque cuando los cambios no se hacen bien, el resultado es catastrófico en función del nivel y del universo de su aplicación. En una línea ferroviaria, un cambio de agujas mal hecho puede ocasionar el descarrilamiento de un tren o que este impacte frontalmente con otro. Cuando realizamos cambios en nuestro entorno o en lo individual o empresarial, las consecuencias serán de la misma índole en función del nivel del cambio y a cuántas personas afecte. Si a nivel individual decido cambiar de automóvil y el cambio no es acertado, puedo tener en el nuevo vehículo un consumo mayor del esperado, un nivel de averías superior, un confort bajo, una seguridad insuficiente y todo ello motivado por el grado de acierto en la decisión del cambio y los parámetros aplicados a tal decisión. La consecuencia afectará a personas en este caso singular o al entorno familiar, puesto que las expectativas y motivos del cambio no se habrán cubierto. Sucederá todo lo contrario si el cambio ha tenido éxito.

Como vemos, esto es relativamente importante a nivel personal con consecuencias limitadas en coste y grupo humano. Cuando esto se va ampliando, el colectivo pasa a ser mayor y sus resultados—positivos o negativos— afectan a un mayor volumen de personas y riesgos, como es el caso de las empresas. Que el cambio resulte exitoso es fundamental y por ello exige una gestión al igual que un proyecto, pero atendiendo a los resultados sociales y no solo a los materiales.

Es por ello que planteo este apartado como soporte a lo que será un cambio a una estrategia Lean. En los próximos apartados iré revisando los aspectos a tener en cuenta.

4.2. POR QUÉ CAMBIAR

La frase «Lo único que no cambia es el cambio» se atribuye a Heráclito de Éfeso, que vivió en el 500 a. C.

Es cierto, siempre estamos cambiando, tanto física como mentalmente, pero en nuestras acciones tampoco hay que cambiar por cambiar. El cambio ha de tener un motivo y un objetivo. Por tanto, la primera pregunta es: «¿He de cambiar tal o cual aspecto, política, sistema, etc. o no cambiar?».

En primer lugar hay que realizar este análisis con rigor y sin dejar que pequeñas anécdotas nos desmoralicen o distorsionen el resultado final.

En la empresa no podemos cambiar o mudar cada día de idea, objetivo o prioridad, puesto que, de ser así, el resultado que obtendremos serán «pollos descabezados».

Hemos de realizar los cambios necesarios que aporten valor y ser prioritarios, puesto que un exceso de cambios también conduce al caos y a que estos no tengan éxito.

Hay que plasmar en un lugar qué esperamos del cambio, por qué lo necesitamos, qué nos reportará de bueno y qué nos costará tanto en tiempo, recursos humanos y económicos. También plasmar qué tiene de bueno no realizar este cambio y lo que puede aportar de negativo. Con estas descripciones de situación estamos preparados para decidir cambiar ya, cambiar más adelante o no hacer este cambio.

Si decidimos cambiar, tendremos los puntos fuertes del cambio y, a su vez, conoceremos los puntos débiles o desventajas de realizar el cambio y podremos tomar acciones, tanto para paliar estos efecto nocivos como para revertirlos a favor.

Una herramienta que puede ayudar es realizar un DAFO (debilidades, amenazas, fortalezas, oportunidades) del cambio. Sometamos el análisis, tanto desde su elaboración como en el resultado final, a la crítica constructiva (que no quiere decir servil); que pueda detectar puntos débiles en el análisis; recuerden los aspectos «Dupont y Dupont» del capítulo anterior.

Cuando estamos seguros de la decisión de realizar un cambio, será el momento de iniciar las fases siguientes. ¡Atención! Este análisis que he descrito ha de ser proporcional a la entidad del cambio y el nivel de afectación, económico y social (para cambiar de lado la papelera, no se precisa de ningún análisis complejo).

4.3. PREPARACIÓN DEL CAMBIO

En este apartado enumeraré los aspectos a tener en cuenta antes de iniciar el cambio. Cada uno de los puntos que van a continuación, como ya he escrito antes, tendrán mayor o menor volumen en función de la importancia del cambio.

4.3.1. Definir el líder del cambio y el equipo con el que se trabajará para aplicar el cambio.

El líder ha de tener características similares a las definidas para el líder Lean y ha de gestionar los puntos que van a continuación.

El equipo se compondrá de aquellas personas que darán soporte puntual a cada uno de los puntos a tratar, por ejemplo, Recursos Humanos para el plan de comunicación y la comunicación en sí.

4.3.2. Fijar los objetivos del cambio con definición de hitos (*milestones*), tanto de consecución de los objetivos como de su seguimiento. Para ello habráque definir:

4.3.3. Los medibles de control. Los medibles habrán de referirse al proceso de cambio: evolución, nivel de implantación, etc., y a los resultados del cambio —cuan efectivo está resultando el cambio.

4.3.4. Establecer la estrategia. Para ello habremos de plantearnos, entre otros aspectos, el nivel de resistencia, la forma de resistencia y los colectivos que pueden ser más resistentes o afines. Según estos aspectos, valorará por dónde es más conveniente empezar. En unos casos, hacerlo por los más remisos puede ser una ventaja, puesto que el impulso inicial ya cuenta con la resistencia; pero, una vez vencida esta, el camino puede ser más seguro con la certeza de que no habrá palos en la rueda desde el exterior del grupo, puesto que el grupo de afines no trabajará en contra. En otros casos puede ser mejor hacerlo desde el grupo de afines para facilitar la entrada y, con los primeros éxitos, emplear estos como palanca para vencer la resistencia de los remisos. Para esto no hay fórmula, según el estado social, la urgencia y la forma elegida hay que valorar la estrategia.

4.3.5. Establecer medios. Básicamente, en línea a definir líder, los recursos necesarios, la tecnología necesaria —máquinas, sistemas informáticos, etc.

Formación a aportar para facilitar la integración al nuevo escenario o nuevo «ecosistema».

4.3.6. La dirección ha de facilitar el cambio. No es suficiente con haberlo decidido, también lo ha de facilitar con:
- Su ejemplo y actitud.
- Facilitar los medios acordados.
- Disponibilidad personal para apoyar el cambio y al líder.

4.3.7. Plan de comunicación.

Hay que elaborar un plan de comunicación que sea claro, verdadero y fiable:
- Qué comunicar.
- Cómo comunicarlo: en persona, en grupos, por correo personal, por el boletín de empresa, por los tablones de anuncios, por todos estos medios a la vez.

- Cuando el cuando es importante, junto con el que puesto que esta puede ser total sobre el proyecto o parcial. Pero siempre antes de que ocurra, una comunicación tardía crea resistencia y mal ambiente.
- Puede que este punto no sea crucial para toda la compañía, pero sí para todos los que precisaremos que sean requeridos en algún momento y evitar que en este momento nos den la espalda con aquello de: «No sé de qué me hablas…» y cuando le comuniquemos su necesidad y su rol ya sea tarde.

4.3.8. Plan de seguimiento.

Con los objetivos, los hitos y los medibles hay que definir un plan de seguimiento y el equipo de este seguimiento, en el se tratarán los avances y atrasos, y se definirán causas, planes de acciones y responsables de ejecutar estas para lograr situarnos en los puntos y marcas fijados.

También se podrán establecer estrategias que corrijan las anteriores, así como planes complementarios y aplicación de planes de animación.

4.3.9. Establecer plan de animación.

Para prevenir estados de desánimo o conflictos, o estimular a partir de los primeros resultados. ¡Atención! Un debate permanente es el de las recompensas y cada uno puede en su entorno social valorar si es conveniente o no, si monetarias o de reconocimiento público.

Este aspecto hay que medirlo muy bien, puesto que si a la organización se le acostumbra a que realizar algo natural, como un cambio, implica una recompensa económica, se sabe cómo se empieza, pero no cómo se acaba.

Las recompensas económicas son en muchos casos fuentes de problemas y de agravios comparativos no deseados. Los reconocimientos públicos amplios y generosos, la proximidad del mánager y el interés por el individuo son más potentes que una recompensa monetaria, a no ser que sea muy clara, muy puntual y no sistemática.

4.3.10. Por desgracia, todas las personas, grupos sociales y empresas tenemos en nuestro haber cambios que no funcionaron y causas que pueden ser tantas como casos. En unos casos, por no seguir y asegurar los pasos descritos; otras, porque el cambio no estaba bien definido o porque el momento no fue oportuno, porque el grupo humano no lo realizó bien, porque no hubo seguimiento, porque falló el estímulo y la motivación, porque ya nació muerto, porque el cambio no era necesario y un largo etcétera.

Todos estos cambios que no tuvieron éxito o murieron con el tiempo se nos presentarán como fantasmas del pasado y crearán, en unos casos, miedo y desconfianza, en otros, apatía, en otros se verá como una moda pasajera y, en el peor de los casos, a los grupos resistentes o reacios será munición para francotiradores al cambio.

Será preciso vencer esta resistencia teniendo el conocimiento máximo de cuáles fueron estos cambios fallidos y crear el elemento o elementos diferenciales que permitan separar aquellos casos del que nos ocupa.

4.4. IMPLEMENTACIÓN DEL CAMBIO

Implementar el cambio es aplicar de forma sistemática los aspectos definidos en el punto anterior (4.3.) y será de capital importancia atender a los puntos siguientes:

4.4.1. No aplicar el cambio a todo el universo o grupo a la vez. Seleccionar grupos, áreas y partes que permitan un seguimiento preciso y constante, obtener resultados pronto que evidencien que el cambio es positivo.

4.4.2. Es mejor obtener a corto plazo un resultado del 80 % y comprometer con este primer éxito al colectivo con el cambio o por evidencia de que está en la línea de lo esperado y en una posterior pasada lograr el 100 %, que querer obtener de entrada el 100 % y crear una excesiva resistencia, problemas y conflictos que con seguridad retrasarán o pondrán en peligro el éxito del programa completo.

4.4.3. Ante la adversidad, ser constante y tenaz para que los contratiempos e imprevistos (casi siempre hay alguno) no hagan retroceder el cambio emprendido.

4.4.4. Ante situaciones de crisis o cambio, hacer prevalecer el cambio y el plan establecido.

4.4.5. El cambio es progresivo y pasa por diferentes fases de implementación y de estado de ánimo. Estas fases de ánimo comúnmente se definen en siete:

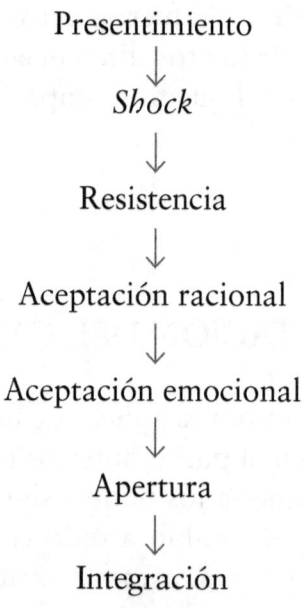

Presentimiento
↓
Shock
↓
Resistencia
↓
Aceptación racional
↓
Aceptación emocional
↓
Apertura
↓
Integración

4.5. COMENTARIOS SOBRE EL CAMBIO

Como ya he indicado en el inicio, este apartado no pretende ser, en modo alguno, un tratado sobre el cambio. Solo es un recordatorio de un aspecto que no hay que olvidar y que realizado de forma correcta nos asegurará el éxito que necesitamos.

4.5.1. Hay que procurar que el cambio produzca el mínimo de estrés y, para ello, dos aspectos a tener en cuenta:
- No actuar con líneas contradictorias.
- Aplicar velocidad y no precipitación.

4.5.2. Si el cambio se presenta como un aspecto positivo, con proyección de futuro, ha de generar y estimular:
- Participación: la gente querrá pertenecer al cambio.
- Alineamiento: la gente trabajará hacia una línea compartida.
- Responsabilidad: la gente asumirá la responsabilidad de sus actos.
- Compromiso: la gente une sus esfuerzos. Ha de ser percibido como un incentivo social.

4.5.3. Es diferente la implicación de compromiso y los resultados son distintos. Toda empresa, equipo o grupo social precisa de elementos comprometidos, no es suficiente que se impliquen. Para esto un ejemplo ilustrativo: preguntaba un profesor a sus alumnos de Relaciones Sociales qué diferencia había entre el cerdo y la gallina en un plato de huevos con jamón. Todos lanzaron sus conocimientos de biología y expresaron las diferencias morfológicas y otros aspectos a los que el profesor, con una buena dosis de calma, asistía con una sonrisa en la cara. Cuando toda la «catarata» de conocimientos se hubo calmado, el profesor tomó la palabra y les explicó: «La gallina está implicada, pone el huevo y se se va, pero el cerdo está comprometido, le va en ello la vida». Y esta es una diferencia sustancial para el éxito de toda empresa o cambio, contar con equipos comprometidos que luchen y trabajen como si en ello les fuera la vida.

4.5.4. Recordar que habrá una resistencia al cambio que puede ser abierta, implícita o diferida y que creará conflicto funcional y obstáculos a la adaptación al progreso del cambio.

Recordar que otros cambios dejaron *víctimas,* bien por no adaptación o por mala ejecución de los cambios.

4.5.5. El cambio es necesario, pero el objetivo no es el cambio, el objetivo son los resultados.

4.5.6. El cambio hacia una organización Lean es un cambio profundo que tiene como objetivo promover la participación de toda la organización hacia un proceso de cambio y evolución constante y sistematizado en la mejora continua.

4.5.7. Cuando se producen cambios en una organización, estos tienen siempre una fuerte composición emocional y, como tal, hay que aplicar la sensibilidad y contundencia en el proceso.

4.6. CÓMO APLICAR LEAN Y LA GESTIÓN DEL CAMBIO CULTURAL

4.6.1. La aplicación de Lean en la compañía exige no solo el conocimiento y la experiencia en la aplicación de las herramientas que son más comunes para el Lean y los medibles o KPI asociados, sino la capacidad de aplicarlos desde cero en una organización que no está acostumbrada a esta sistemática, el conocer y tener la experiencia para conocer los tiempos o cadencias de aplicación de cada herramienta, la particularidad de cada empresa, el estado de maduración de cada paso.

En resumen, no es suficiente con conocer la herramienta, también hay que saber cuándo y cómo aplicarla.

También es preciso tener la experiencia para evitar las situaciones descritas en el primer capítulo y preparar adecuadamente el terreno con la aplicación de lo descrito en el capítulo 2 —preparar adecuadamente el cambio y entonces aplicar las herramientas que se describen en el capítulo 6— para que todo el proceso tenga éxito.

4.6.2. El cambio para que tenga éxito ha de producirse en dos niveles casi simultáneos y que han de converger en el punto crítico del inicio del cambio real. Este ya se percibirá en la fase de preparar el terreno según lo descrito en el capítulo 3 e implicará una toma de conciencia en la modificación de algunos hábitos de gestión o, como mínimo, de concienciación de algunos aspectos básicos. Estos dos niveles van uno en la dirección y niveles intermedios, haciendo hincapié en las fases del cambio y preparando emocionalmente el cambio, y otro respecto a la acción directa sobre la gestión y el taller.

Para resumirlo en términos informáticos, uno va orientado hacia el concepto *software* y el otro, hacia el concepto *hardware*.

4.6.3. La pregunta es: «¿Podrá mi organización hacerlo sola?». Por supuesto que puede intentarlo y, en algún caso, tener un relativo éxito, pero mi consejo es que no lo haga sola. Se encontrará con que el cumplimiento interno de plazos y acciones no se cumple porque siempre «hay una cosa muy urgente». Un error en la aplicación, en los tiempos o en las «sensibilidades» será mortal de necesidad; su organización se estresará y lo sufrirá a lo largo de mucho tiempo; no tendrá un árbitro con el conocimiento y experiencia suficientes para terciar en las disputas y fijar el camino de cada uno para así evitar el fuego cruzado entre los componentes de su organización. El líder del cambio y el líder de la implantación

Lean tendrá un referente y un apoyo frente a la resistencia a los cambios y la dirección no precisará *quemarse* en batallas que no le aportarán valor y sí una desviación de la atención.

Estas razones y muchas más son suficientes para aconsejar que no lo intente solo. Aunque tenga en su organización a un profesional formado en este campo, resérvelo para que sea el líder y motor cuando la implantación ya tenga el recorrido suficiente para que los riesgos sean mínimos.

4.6.4. ¿Cómo hacerlo?

Existen en nuestro entorno expertos consultores con experiencia en procesos de cambio y de implantación de sistema Lean.

Lo que ha de exigir es que la experiencia sea real y contrastada, puesto que también existen, al amparo de la palabra Lean, «expertos» de cursillos, de Internet o simples gestores del sistema, pero no implantadores. Para el caso de expertos en «el cambio», otro tanto que tras un curso de *coaching*, y, de haber leído algún libro de Philip Kotler, ya cree que es un experto y carece de la experiencia de calibrar emociones y resolución preventiva de conflictos (nótese que incorporo la palabra *preventiva* y es que el éxito no es resolver conflictos, el éxito es preverlos y evitarlos).

La incorporación de estos profesionales ha de tener cuatro periodos: un primer periodo de diagnóstico con entrevistas, *workshops*, después una análisis y finalmente un diagnóstico. Este periodo ha de ser corto y no ha de superar los tres o cinco días. Una segunda fase, la de la preparación de las condiciones, que variará en el tiempo y en la intensidad en función del estado inicial de la empresa, y que ha de valorar y apreciar en el diagnóstico una tercera fase de un grado alto de intensidad que es la aplicación (la aplicación ha de ser en un área representativa que permita poner de relieve todas las dificultades). Una cuarta fase, en que el equipo consultor realiza un seguimiento cada vez con frecuencias más largas y durante el cual va controlando que el proceso aplicado no se desvirtúe y el otro aspecto, ver y tutorizar el despliegue al resto de las áreas de la empresa.

¿Y esto puede ser muy caro?

El concepto caro o barato, como todos sabemos, es relativo, no es tanto el valor de la minuta, sino la efectividad y el retorno de esta como de otras inversiones será el factor más determinante, pero por experiencia sé que esta inversión ya empieza a dar resultados en las primeras semanas.

Unos consejos para que los costes y resultados sean efectivos:

- Actúen con celeridad ante las propuestas del consultor. Sus retrasos aumentarán la minuta y, si es un presupuesto cerrado, corre el riesgo de que el resultado no sea el óptimo porque la calidad del tiempo empleado será deficiente.
- Si realiza un presupuesto cerrado, corre el riesgo de que las horas empleadas no sean finalmente las de un consultor senior, sino las de un consultor junior en formación.
- Si pacta el trabajo según una minuta por hora, pague solo las horas de los consultores senior y, si la consultoría quiere introducir un consultor junior para su formación, la minuta ha de pactarse.
- No pida muchos informes de muchas hojas con paja, reúnase en reuniones estructuradas, escuche al consultor, tome apuntes y actúe. Piense que, mientras el consultor le redacta ese «informe prescindible», la minuta sigue creciendo y sus costes aumentan: informes los justos y con concreción de datos.
- Cuanto antes alcance la cuarta fase, mejor para su costes, pero mantenga un contrato de seguimiento con

el consultor que le será una garantía de que su organización está actuando y mejorando constantemente, y sus empleados sentirán al consultor como un auditor del estado del sistema y no bajarán los brazos. Usted tendrá un asesor por muy poco coste con el que podrá contar como interlocutor para los pasos siguientes.

*El futuro no está por venir.
Ya llegó.*

Philip Kotler

Capítulo 5
MEDIBLES Y HERRAMIENTAS LEAN

En este capítulo se describen los medibles más usuales para dentro de la gestión Lean. En modo alguno son exclusivos, puesto que la empresa puede utilizar otros medibles o KPI complementarios.

MEDIBLES 145
5.1. FIRST TIME THROUGH (FTT) 145
5.2. OVERALL EQUIPMENT EFFECTIVENESS (OEE) 147
5.3. DOCK TO DOCK TIME (DTD) 151
5.4. BUILD TO SCHEDULE (BTS) 153
5.5. PRODUCTIVIDAD MOD... 157
5.6. EVOLUCIÓN TIEMPOS DE CICLO 159
5.7. MEDIBLES DEL MANTENIMIENTO 160

MEDIBLES

Los medibles básicos o macroindicadores más comunes son:
- First Time Through (FTT) o bien hecho a la primera.
- Overall Equipment Effectiveness (OEE) o eficiencia global de los equipos.
- Dock to Dock (DTD) o desde la recepción hasta la expedición.
- Build to Schedule (BTS) o cumplimiento del plan de producción.

Es aconsejable que estos medibles se acompañen de otros tres que, siendo de menor rango, nos ayudan a cerrar el círculo de la gestión y el control:
- La productividad de la MOD.
- Evolución de los tiempos ciclo estándar.
- Los medibles de eficacia del mantenimiento.

5.1. FIRST TIME THROUGH (FTT)

Define el porcentaje de piezas buenas obtenidas a la primera en un proceso; por tanto, excluyendo las que no siendo SCRAP son recuperables u otras causas que impiden que el 100 % sean buenas a la primera:

$$FTT = \frac{\text{TOTAL UNIDADES PROCESADAS} - (+ SCRAP + \text{DEVOLUCIONES} + \text{REPROCESADO} + \text{UNIDADES APARTADAS PARA RETRABAJAR})}{\text{TOTAL UNIDADES PROCESADAS}}$$

El objetivo de este medible es conocer los motivos que causan la no obtención de los objetivos principales.
- Cero defectos producidos.
- Cero defectos a la primera.
- 100 % bien a la primera.
- Mejora de capacidad.

Seguimiento por turno, diario, mensual.

El resultado de multiplicar los diferentes valores de una pieza en cada una de las fases de su proceso nos dará el FTT completo. Ejemplo:

PROCESO	FTT	
CORTE	99 %	EL FTT GLOBAL
MECANIZADO	97 %	DEL PROCESO
RECTIFICADO	98 %	ES
MANDRINADO	99 %	
AJUSTES	95 %	87,62 %
MONTAJE Y MARCA	99 %	

Para ello, confeccionaremos un procedimiento que permita la captación de los datos para cada centro de trabajo, bien por terminales o sistemas electrónicos, bien por un sencillo documento que puede ser siempre rellenado por el propio operario según se van produciendo los defectos o incidentes.

En cualquiera de los casos habrá de recoger la información por apartados que, como mínimo, habrán de contemplar los siguientes aspectos:
- *Scrap* o rechazo irrecuperable.
- *Scrap* apartado para reproceso fuera del puesto o con posterioridad, o de vuelto a fases anteriores por defectos previos.
- Reprocesadas en línea. Esto incluye las piezas que, durante el proceso y sin ser apartadas de él, el operario ejecuta en una operación adicional a las establecidas para corregir un defecto o un retesteo, etc.

Y dentro de cada uno de estos apartados, las causas principales o defectología más habitual, pudiendo dejar un capítulo de «varios» para defectos o fallos de escasa repetitividad.

Este punto hay que revisarlo con periodicidad, sobre todo cuando el total de los «varios» pasa a estar entre los tres principales defectos, lo que implicará revisar y reconsiderar las causas descritas y la adecuación a la evolución de las más importantes y que pueden estar ocultas en el epígrafe de «Varios».

Finalmente, todos estos resultados habrán de acumularse en un resultado diario como porcentaje de FTT y su evolución. Puede ser preciso un acumulado por turno si hay variaciones en el porcentaje entre turnos, lo cual indicaría un proceso fuera de estándar o un defecto de formación. A su vez, obtendremos un valor mensual ponderado por centro de trabajo, un pareto de causas y podremos obtener un valor y Pareto para cada una de las piezas principales que pasan por este centro de trabajo, y lo mismo si se estima necesario de un producto a lo largo de todo su proceso y su valor acumulado, como es el caso del ejemplo del cálculo.

La información obtenida nos ha de ayudar a focalizar nuestras acciones de mejora continua, a la reducción de incidencias, a la mejora de la eficiencia global y de la robustez del proceso para reducir tanto stocks como incertidumbre del proceso.

5.2. OVERALL EQUIPMENT EFFECTIVENESS (OEE)

Mide la eficiencia global de los equipos según tres aspectos de ineficiencia: disponibilidad, eficiencia y calidad.

$$\text{DISPONIBILIDAD} = \frac{\text{TIEMPO OPERATIVO}}{\text{TIEMPO NETO DISPONIBLE}}$$

Tiempo neto disponible: es el total de tiempo de un recurso menos paros planificados.

Tiempo operativo: es cuando el recurso ha estado operativo realmente y equivale al tiempo menos los paros por averías, preparaciones, micro-paros, etc.

$$\text{EFICIENCIA} = \frac{\text{TIEMPO CICLO} \times \text{PIEZAS REALIZADAS}}{\text{TIEMPO OPERATIVO}}$$

Tiempo ciclo: es el tiempo asignado a un producto en un proceso concreto y corresponde al ciclo óptimo o ideal.

Piezas procesadas: es el total de piezas producidas en el tiempo operativo.

RATIO DE CALIDAD = FTT

El resultado del OEE es el de multiplicar los porcentaje de los tres factores.

Ejemplo:

CONCEPTO
Disponibilidad X Rendimiento X FTT
DISPONIBILIDAD   95 %
EFICIENCIA   97 %
FTT   98 %   **OEE = 90,03 %**

Al igual que para el FTT el resultado de todo un proceso, para una pieza y la eficiencia global sería:

PROCESO	OEE	
CORTE	93 %	EL OEE GLOBAL
MECANIZADO	92 %	DEL PROCESO
RECTIFICADO	93 %	ES
MANDRINADO	95 %	
AJUSTES	90 %	**64,63 %**
MONTAJE Y MARCA	95 %	

CÁLCULO DE OEE

$$\text{DISPONIBILIDAD} = \frac{\text{Tiempo operativo}}{\text{Tiempo planificado de producción}} = \frac{\text{Tiempo planificado} - \text{Paros}}{\text{Tiempo planificado de producción}}$$

$$\text{DISPONIBILIDAD} = \frac{\text{Tiempo ciclo por unidades realizadas}}{\text{Tiempo operativo}} = \frac{\text{Velocidad real}}{\text{Velocidad esperada}}$$

El Ratio de calidad será el FTT

Si observamos el siguiente gráfico (ver página 144), se aprecian los tramos de perdida de capacidad para cada uno de los valores de cálculo.

Lo que define es el ratio entre lo que se debería haber obtenido, el tiempo programado respecto del valor de lo obtenido y las unidades conformes o procesadas a la primera con la calidad exigible.

Parece lógico que, para obtener este valor, bastaría con estos dos datos, pero sería un valor numérico sin expresión que compone las causas de la pérdida; este es el sentido principal de este dato, conocer en qué parte y en qué medida perdemos la eficiencia, pues esto nos permitirá definir los focos de nuestra mejora continua.

A	Tiempo programado	Paro programado
B	Tiempo de operación	Averías / Ajuste por espera

C	Producción prevista	
D	Producción real	Velocidad reducida/Micro paradas

E	Producción real	
F	Unidades conformes	Scrap/Retrabajo

Por tanto, el medible OEE no es importante solo por su valor. Lo que lo hace importante es la información que se obtiene para la mejora.

$$OEE = A/B \times C/D \times E/F$$

Como para el caso del cálculo de FTT, también para este caso se confecciona un procedimiento, ya sea por captación de datos en cada puesto de trabajo de forma electrónica, conectado al sistema de la máquina, por un terminal de ordenador, por cualquier otro medio telemático o confeccionamos un sencillo documento en que el operario informe de los paros o pérdidas de producción y del tiempo perdido en paros y las causas, así como de la producción realizada de cada producto, hora de inicio planificado y hora de final del tiempo de trabajo.

El dato de los paros ha de recogerse en el momento en que estos se inician y cuando acaban, no como resumen o estimación al final del turno. Como en el caso anterior, el documento habrá de recoger las causas de los paros más habituales y dejar un capítulo de varios que habremos de tratar de igual modo que para el caso del FTT, cuando en este *saco* el volumen se sitúe entre las tres a cinco causas más importantes de pérdidas.

De estos datos se obtendrá, para cada centro de trabajo, un OEE por turno, acumulado por día y mensual por turno y global. A su vez, obtendremos dos tipos de paretos de las causas de pérdidas de producción o de eficiencia global y serán por turno mensual y acumulado mensual.

En el Pareto tendremos las causas de los paros, por otro lado habrá que reflejar la eficiencia resultado del rendimiento obtenido en porcentaje de la velocidad o producción horaria.

Nótese que en este punto se toma como referencia de **tiempo unidad** el valor óptimo del ciclo del centro; por tanto, el resultado no habrá de ser superior al 100 % y, si ocurre, indica una desviación en las velocidades de la máquina que ha superado su velocidad óptima o un mal cálculo del tiempo ciclo.

Este medible nos aporta de un modo sintético un valor de la evolución del rendimiento global de un proceso, nos proporciona los paretos de pérdidas de capacidad más importantes que nos permitirán focalizar de un modo simple nuestros objetivos principales para obtener los mejores resultados de nuestras acciones de mejora.

5.3. DOCK TO DOCK TIME (DTD)

Mide el tiempo medio que pasa desde que se recepciona un material hasta la expedición al cliente.

Mide en días el valor de las existencias, tanto de:
- Materias primas y componentes, incluidos los que se han pagado y no están en nuestros almacenes, así cmo los que no se han pagado pero existe la obligación de ello y se hallan o en el proveedor o en curso de recepción.
- Material en proceso WIP (*Work in Process*).
- Inventario de almacén final. Todo el material que no ha sido facturado a cliente, aunque se halle en depósito en sus almacenes.

$$DTD = \frac{\text{INVENTARIO MAT. + COMP.}}{\text{PROMEDIO DEMANDA DIARIA}} + \frac{\text{WIP}}{\text{PROMEDIO DEMANDA DIARIA}} + \frac{\text{ALMACÉN EXPEDICIÓN}}{\text{PROMEDIO DEMANDA DIARIA}}$$

Ejemplo:

$$\frac{\text{MAT PRIMA + COMP.}}{\text{PROMEDIO DE VENTA DIARIA}} = \frac{6\,000}{1\,000} = 6 \text{ DÍAS}$$

$$\frac{\text{WIP}}{\text{PROMEDIO DE VENTA DIARIA}} = \frac{3\,000}{1\,000} = 3 \text{ DÍAS}$$

$$\frac{\text{PRODUCTO ACABADO}}{\text{PROMEDIO DE VENTA DIARIA}} = \frac{3\,000}{1\,000} = 3 \text{ DÍAS}$$

Con este medible estamos revisando la bondad de la mejora continua hacia una empresa lean de flujo tenso con producción JIT, aprovisionamientos Kanban, Process Pull con stocks de procesos mínimos.

Cuanto más eficientes sean los procesos de todo el flujo, desde la compra y aprovisionamiento hasta la expedición, se traducirá en menos días de *stock*, lo cual determina un valor de inventario global menor y, por tanto, un valor de costes financieros del proceso menor. A su vez, el riesgo de obsolescencia disminuirá fuertemente.

Es importante resaltar que, para obtener un buen resultado en este medible, no puede hacerse a costa de gravar la tasa de servicio al cliente, que la tasa sea del 100 % (lo que espera el mercado de cualquier proveedor).

Este es un medible que, tomado con todos los *inputs* definidos al inicio, puede ser más completo que el que se utiliza en las compañías de «rotación de stocks», pues este último raras veces contempla los compromisos de pago de productos en depósito en la empresa o en el proveedor o los que están en curso de recepción, máxime cuando estos están llegando desde el Extremo Oriente y su plazo o su tiempo desde que se han embarcado y su recepción en la planta, en ocasiones, llega a las cuatro semanas y el pago se realiza a la recepción.

5.4. BUILD TO SCHEDULE (BTS)

Este medible recae sobre cómo se gestiona el proceso respecto al plan o secuencia de trabajo.

Está enfocado al cumplimiento de los planes a corto plazo y no contempla, como valor positivo, la sobreproducción no planificada; pretende conocer que ha impedido el seguimiento del plan, ya sea por falta de un útil, materiales, etc. que, para un proceso de flujo tenso, puede venir dado por un atraso en horas del suministro de un proveedor o de una matriz que ha tenido una reparación y ha acabado más tarde de lo previsto aunque en la máquina se haya cambiado el orden o secuencia de producción.

Este medible tiene escasa utilidad para empresas que están lejos de un nivel de ajuste de flujo de proceso alto, pero es de gran valor cuando el ajuste es muy alto, puesto que permite avanzar y conocer las mejoras precisas para aumentar la eficiencia y reducir stocks.

Es fundamental para los procesos que suministran a cliente en JIT y mucho más en JIT secuenciado o para aquellos en los que el cliente recoge sus necesidades en varias horas del día que son cerradas y precisas con umbrales de entre quince y treinta minutos máximos de desajuste (*milk run*).

Este medible, al igual que el OEE, consiste en la valoración acumulada de tres variables que son:

- Rendimiento volumen.
- Rendimiento mix.
- Rendimiento secuencia.

Para explicar mejor estos puntos, lo haremos partiendo de un ejemplo. Si tomamos como plan de producción la siguiente secuencia y resultados, tendríamos:

PLAN		REAL	
Producto	Cantidad	Producto	Cantidad
A	400	A	250
D	250	D	600
B	300	C	250
C	300	A	200
D	250	B	250

Para el rendimiento volumen tendremos:

Total planificado   1 500 unidades
Total producido   1 550 unidades

Como ya he expresado, la sobreproducción no es un premio. La situación sería:

$$\frac{\text{Producción obtenida}}{\text{Producción planificada}} = \frac{1\,500 \; (\text{No } 1\,550)}{1\,500} = 1$$

En la tabla anterior, para el Rendimiento mix, el resultado sería:

PLAN		REAL	
Producto	Cantidad	Producto	Cantidad
A	400	450	400
B	300	250	250
C	300	250	250
D	500	600	500
	1 500		1 400

¿Qué valores tomamos? La producción realizada para cada producto tomando como máximo los valores planificados.
Así, pues los valores serían:

$$\text{Rendimiento mix} = \frac{\text{Piezas producidas para mix}}{\text{Piezas plan}} = \frac{400 + 250 + 250 + 500}{1\,500} = \frac{1\,400}{1\,500} = 0,93\%$$

El siguiente factor es el más controvertido y ha de adaptarse a las necesidades y características de la empresa. Es el rendimiento secuencia.

Para el caso del ejemplo, la situación sería:

PLAN		REAL		Piezas Rto. Secuencia
Producto	Planif.	Producto	Planif.	
A (1°)	400	A (1°)	250	250
D (2°)	250	D (2°)	600	500
B (3°)	300	C (3°)	250	250
C (4°)	300	A (4°)	200	-
D (5°)	250	B (5°)	250	-
				1 000

Vemos que el resultado del rendimiento secuencia es que para la primera secuencia se prevé el producto A en una cantidad de 400 unidades y se producen solo 250. Para la segunda secuencia, se prevé el producto D en 250 unidades y se producen 600. Por tanto, solo son aceptables para este cálculo 500, pues no se acepta la sobreproducción, pero se ha adelantado la secuencia cuarta.

En la siguiente secuencia (la tercera), se ha previsto el producto B y no se ha producido en este orden, sino que se ha producido la secuencia siguiente (cuarta). En su lugar, en una cantidad de 250 unidades que sí valoraríamos para el rendimiento, puesto que se ha adelantado, su cumplimiento con el cliente no ha estado en riesgo y la secuencia quinta ya está fuera del plan. El cálculo sería:

$$\text{Rendimiento Secuencia} = \frac{\text{Piezas en secuencia}}{\text{Piezas plan}} = \frac{500 + 250 + 250}{1\,500} = \frac{1\,000}{1\,500} = 0{,}67$$

Este ejemplo sirve para reflejar la controversia, puesto que si la producción de la segunda secuencia (el producto D), al haber juntado la producción de la quinta secuencia y, además, sobreproducir, podría haber puesto en riesgo las entregas de las secuencias posteriores. Su cálculo sería:

$$\frac{250 + 500}{1\,500} = 0{,}50\%$$

Este es un problema que se da con frecuencia, pues en ocasiones, por comodidad o por ahorrarse un cambio, la producción junta secuencias con el riesgo de rotura de suministro a cliente.

El resultado final de este cálculo sería:

$$BTS = 1 \times 0{,}93 \times 0{,}67 = 0{,}62$$

O siendo restrictivo,

$$BTS = 1 \times 0{,}93 \times 0{,}5 = 0{,}465$$

Por tanto, queda claro que cada empresa ha de fijar, para este último punto, cuál es el criterio con el que se mide según sus necesidades y límites de flexibilidad.

5.5. PRODUCTIVIDAD MOD

La productividad de la mano de obra directa es el **ratio** resultante de dividir las horas obtenidas —resultado de valorar la producción realizada— por el tiempo unitario asignado a cada una de ellas y dividir por el total de las horas invertidas en obtener la producción.

Este medible es fundamental en las industrias manufactureras, donde el peso importante del coste o de la eficiencia de la planta está condicionado por la utilización óptima del tiempo de los operarios.

En otras empresas, donde son las máquinas las que establecen los límites de producción, el OEE será más idóneo, aunque el medible de productividad MOD también puede ser un indicador válido de análisis del uso del recurso MOD.

$$\text{Productividad MOD} = \frac{\text{Horas productivas}}{\text{Horas de presencia}} = \frac{\text{Valor producción obtenida}}{\text{Horas productivas}}$$

TIEMPO TOTAL DE PRESENCIA	8 HORAS

HORAS PRODUCTIVAS	6 HORAS	HORAS IMPRODUCTIVAS	2 HORAS

VALOR DE PRODUCCIÓN OBTENIDA	5 HORAS

$$\text{CÁLCULO:} \frac{6}{8} \times \frac{5}{6} \times 100 = 62,5\,\%$$

Conceptos:

Tiempo total de presencia: es el tiempo en que el operario está disponible en el puesto de trabajo y por el que es retribuido.

Horas productivas: son las horas en que el operario está realizando un trabajo sobre el producto porque en consecuencia le aporta valor. No son trabajos o tiempos productivos, las reuniones, las preparaciones o cambios, los retrabajos, las verificaciones, los almacenamientos, conteos, etc.

La diferencia entre las horas de presencia y las horas productivas son las horas improductivas.

Valor horas obtenidas: es el resultado de multiplicar la producción realizada por el tiempo estándar asignado a cada unidad producida.

5.6. EVOLUCIÓN TIEMPOS DE CICLO

Con este medible se establece el índice de mejora de los tiempos asignados a las operaciones y, por tanto, las mejoras del coste de la producción. Para medirlo se ha de tomar un parámetro base anual, que es el coste en horas ponderado al inicio del año por la producción prevista. A su vez, la evolución se calcula manteniendo, como base de la ponderación, la previsión al inicio del año, siendo así la variable el porcentaje de horas precisas para producir la misma cantidad de unidades.

Para el cálculo ponderado, se tomará el abc de las ventas planificadas para el año, tomando como referencia el 85 % del total de venta prevista. Este valor nos indicará si, además de ser eficientes a través del OEE, también estamos siendo más productivos. Podría darse el caso de que un OEE se apreciara en una mejora, pero la producción real obtenida sea igual o menor que con el valor anterior. Eso podría ocurrir porque el tiempo estándar asignado al producto se haya modificado, dando más tiempo por unidad, lo cual sería una perversión del indicador de eficiencia y también el de productividad MOD.

En los equipos donde se procesa un solo producto es sencillo de conocer, pero en un centro donde se procesan múltiples productos es preciso conocer el mix ponderado de las variaciones de tiempos estándar para conocer y evaluar el resultado de los otros indicadores.

5.7. MEDIBLES DEL MANTENIMIENTO

Los medibles que se aplican a la gestión de mantenimiento son dos:
- TIEMPO MEDIO ENTRE AVERÍAS (MTBF)
  Es el tiempo resultante entre el tiempo operativo y el tiempo total entre averías.
  El objetivo es aumentar este tiempo entre averías.
- TIEMPO MEDIO DE REPARACIÓN (MTTR)
  Es el resultante de dividir el tiempo total de averías entre el número de averías.
  El objetivo es la reducción del tiempo de paro para resolver averías.
- TIEMPO MEDIO ENTRE AVERÍAS (MTBF)
  Se trata de establecer este ratio mediante el cálculo siguiente:
  - MTBF: $\dfrac{TTO}{SA}$
  - Dónde:
    - TTO = Tiempo operativo total = Horas trabajadas
    - SA = Averías totales = S (A1 + A2 + A3 + An) = Total de averías

- Es el promedio del tiempo útil entre averías.
- Indica el nivel de confiabilidad.
* TIEMPO MEDIO DE REPARACIÓN (MTTR)
  - Es el ratio que determina cuál es el tiempo medio requerido para reparar un equipo, máquina, instalación, etc.
  - Incluye los tiempos requeridos para realizar los análisis, diagnósticos, pruebas, planificación de actividades, asignación de tareas, etc.
  - Define el nivel de Mantenibilidad de un equipo.
  - Se calcula del siguiente modo:

$$\text{Tiempo medio de reparación} = \text{MTTR}: \frac{TTR}{SA}$$

Donde TTR es la suma total de los tiempos de Reparación = (TTR1 + TTR2 + TTR3 + TTRn) = Tiempos en reparación
SA= Total de averías

Como se ve, el primer medible establece un ratio promedio de cada uno cuando falla la máquina. Nuestro objetivo será robustecer la máquina y su proceso para que estos fallos sean cada vez menos frecuentes.

Para ello hemos de conocer las causas de las averías, analizarlas y aplicar contramedidas para eliminarlas o paliarlas.

En el caso del segundo medible, lo que se persigue es conocer el tiempo medio que se emplea en la reparación de una máquina.

Como en el caso anterior, hay que analizar las causas y mejorar la reparabilidad, ya sea por falta de recambios o por la dificultad de la máquina.

El escenario deseable es máquina con pocos paros (objetivo cero) y reparaciones fáciles o instantáneas.

*Si la única herramienta
que tiene es un martillo,
pensará que cada problema
que surja es un clavo.*

Mark Twain

Capítulo 6
LAS HERRAMIENTAS DEL LEAN

LAS HERRAMIENTAS 165
6.1. METODOLOGÍA: RESOLUCIÓN DE PROBLEMAS 165
6.2. VALUE STREAM MAPPING (VSM), MAPA DE LA CADENA DE VALOR 169
6.3. 5S 173
6.4. TOTAL PRODUCTIVE MAINTENANCE (TPM) 183
6.5. ESTANDARIZACIÓN 191
6.6. FORMACIÓN ILUO 193
6.7. SINGLE MINUTE EXCHANGE OF DIE (SMED) O CAMBIO RÁPIDO DE REFERENCIA 198
6.8. PLAN-DO-CHECK-ACT (PDCA) 206
6.9. KAIZEN 212
6.10. 8D 214
6.11. 6M - Ishikawa 221
6.12. *Brainstorming* *224*
6.13. 5W o cinco porqués 229
6.14. POKA-YOKE 231
6.15. ANÁLISIS MODAL DE FALLOS Y EFECTOS (AMFE) 235
6.16. KANBAN 263
6.17. OTRAS HERRAMIENTAS 265

LAS HERRAMIENTAS

Para obtener resultados se utilizan múltiples herramientas, tanto de análisis como de seguimiento.

A continuación se describen las más usuales que no son únicas ni excluyentes.

Las herramientas son como las fórmulas matemáticas: a cada tipo de problema o análisis se han de aplicar las más adecuadas.

Podemos definir que son de tres tipos:
- Unas son de aplicación para la gestión y son básicas e imprescindibles de aplicación: 5S, TPM, Estandarización, Formación, PDCA.
- Otras son de análisis y mejora: SMED, USM, Kaizen, Metodología de Resolución de Problemas, las 8D, 5M/Ishikawa.
- Una última categoría sería la de aplicación en fase de proyectos o como resultado de los análisis de mejora o corrección de defectos: AMFE, *poka-yoke*.

6.1. METODOLOGÍA: RESOLUCIÓN DE PROBLEMAS

Problema:
- Asunto cuya solución se debe averiguar.
- Hecho o circunstancia que dificulta o impide la consecución de un fin.

Estas son dos de algunas de las definiciones de *problema* y creo que son suficientes.

La tipología de los problemas es variada desde los:
- personales

- colectivos
- técnicos
- filosóficos
- políticos

Y un largo etcétera y, en esencia, son de tres tipos:
- estructurales, rutinarios, diarios
- propios
- asignados

Método:
- De origen griego: «señala el camino que conduce a un lugar».
- Modo ordenado y sistemático de proceder para llegar a un resultado.
- Modo de hacer las cosas, siguiendo un orden o costumbre para alcanzar un fin determinado.

Estas definiciones también parecen suficientes.

De las diferentes acepciones de *método*, como «método natural», «método científico» y otras más, nos quedaremos con esta última basada en la observación, la experimentación, la toma de datos y la comprobación de la hipótesis de partida.

Esto nos sitúa en el escenario para comprender que los problemas existen, puesto que son consecuencia de la racionalidad y la inteligencia humana que es capaz de plantearlos, tanto para su evolución como para su conocimiento y que por tanto puede también definirse como:

Problema ⇒ Una oportunidad de mejora

Solo se mejora si nos planteamos problemas reales y los resolvemos. Para resolverlos, ya desde la educación básica se nos ha enseñado que hay que seguir una metodología y una lógica, método para sumar, planteamiento y solución de ecuaciones, etc. A pesar de que posteriormente la gran mayoría de individuos, al hacerse adultos, olvidan el concepto de método y lo modifican por el concepto intuitivo o en otros casos visceral, aunque en ocasiones se disfrace de razonamientos.

Algunas afirmaciones básicas sobre los problemas y soluciones:
- Los problemas están en todas partes.
- Precisan planteamientos lógicos y racionales.
- Precisan datos precisos y hechos contrastados.
- Mentes y actitudes abiertas.
- Compromiso y constancia.
- Formación y capacitación.
- Trabajo en equipo.
- Creatividad.
- ¡Atención! No hay soluciones mágicas.

Los objetivos de resolución de problemas son básicamente de tres tipos:
- eliminación
- reducción
- mejora

Si los vemos desde una óptica industrial, por sus características serían:
- A eliminar:
  - defectos de producto
  - incumplimientos a clientes
  - errores de proceso
  - errores en general
  - accidentes
- A reducir:
  - costes
  - tiempo
  - consumos
- A mejorar:
  - ventas
  - eficiencia

Pero esta separación puede darse en otros aspectos, como:
- Eliminar una enfermedad.
- Reducir o paliar el dolor.
- Mejorar la esperanza de vida.

Los problemas pueden tener diferente valoración, estos pueden ser:
- Sencillos, que precisan poco esfuerzo.
- Urgentes, que precisan acciones rápidas, inicialmente de contención.
- Complejos o difíciles, que precisan aplicar fuertes dosis de conocimiento y de inversión.

Se pueden establecer tantas escalas o gradientes como se consideren oportunos o necesarios.

En los apartados siguientes veremos diferentes herramientas o sistemáticas para la mejora y la resolución de problemas; pero antes de continuar con estos apartados será preciso establecer las constantes que les son comunes a todas las herramientas que se describen particularmente y las que en el último apartado solo enumeraré y definiré.

1. Cualquier análisis y solución del problema ha de contemplar, como primera premisa, el aseguramiento de la capacidad o, como mínimo, una mejora de esta respecto de la situación de partida; el primer desperdicio o muda son los costes de no calidad.
2. El objetivo de todo análisis para llegar a una solución o a una mejora es hallar la causa o causas raíz del problema. Es preciso hallarla, evidenciarla y confirmarla, o los resultados no serán nunca buenos o suficientes.
3. Cuando nos enfrentemos a un problema hay que hacerlo con la mente abierta, sin prejuicios o valoraciones previas y aplicando al proceso mental el óptimo de todos nuestros conocimientos.

4. Si bien es cierto que hay problemas que, en algún caso, se resuelven de modo individual, es mejor tratar de formar equipos de trabajo comprometidos, formados, multidisciplinarios y multiniveles.
5. Si la calidad de la información no es la adecuada, ya sea por deficiente, incompleta, sesgada, etc., los resultados no serán buenos.
6. Tomar preferentemente solo datos medidos, contables, estadísticos, SPC, etc.
7. Recopilar hechos y evidencias tangibles, verificables, reproducibles, visuales en la medida de lo posible, fotos, vídeos.
8. Tomar información según conocimiento de quienes efectúan el trabajo escapando de la «opinática».
9. Efectuar estudios y ensayos en situaciones controladas para analizar variables y obtener datos controlados.
10. Exponer los datos, hechos y toda la información de forma completa, sin sesgos, con claridad y honestidad.
11. Ser rigurosos, objetivos y constantes siguiendo los pasos que constituyen la metodología de cada una de las herramientas.

6.2. VALUE STREAM MAPPING (VSM), MAPA DE LA CADENA DE VALOR

Es la plasmación gráfica de las operaciones de una empresa en la que se representan todos los procesos necesarios y precisos para transformar materias primas o productos semimanufacturados en productos acabados según las necesidades o especificaciones de nuestro cliente. Esto incluye todos los procesos y el modo en que se transmite la información (flujos de información), tanto entre nuestros clientes como internamente, y con los proveedores, distinguiendo los que aportan valor añadido y los que no.

El objetivo es plasmar en un «mapa» el proceso actual, evaluar los puntos de mejora, tanto en operaciones que aportan valor como en la eliminación en lo posible de las que no lo aportan, analizar oportunidades de lotificación o Kanban o flujos JIT, documentaciones redundantes, etc. con el objetivo final de establecer un nuevo VSM en el que se recoja la nueva situación esperada o ideal. Para confeccionar el mapa hay que entrar en todos los detalles, tanto productivos presencia en planta como administrativos.

Para confeccionar el VSM partiremos pues de reproducir en un documento todo el proceso. El documento puede ser creado de muchas formas pero siempre ha de constar de:

- Quién toma los datos.
- Cuándo.
- Quiénes participan en cada parte.
- Qué producto.

Más adelante se definiría como una hoja clásica de diagrama de flujo, conde consten:

- Número ordinal de la operación.
- Descripción de la operación, proceso, etc.
- Una columna para cada símbolo de proceso:
  - operación
  - inspección
  - almacenamiento
  - retraso o espera
  - transporte
- Cantidad con que se opera.
- Tiempo empleado para las fases de operación.

- Tiempo de:
  - almacenamiento medio
  - inspección
  - retraso o espera
- Distancia y tiempo de transporte.

Además de esta hoja de diagrama de flujo, hay que tomar datos de todos los elementos que inciden en el proceso de planta.
Ejemplos:
- Mantenimiento y frecuencia.
- Tiempos de preparación.
- Valores de indicadores existentes.
- Turnos.
- Valores de stocks en todos los almacenes.
- Toda la información, lo más minuciosa posible, que permita tener y confeccionar un mapa detallado y, también, ver y encontrar oportunidades de mejora.

Los buenos datos, la buena observación y el rigor nos ayudarán a fijar un mapa de oportunidades.

Con estos datos se confecciona un mapa utilizando una simbología estandarizada que adjunto al final de este apartado.

Adjunto con el mapa y a partir de la hoja de diagrama de flujo hemos de realizar un resumen con la distribución de los grupos en tres grandes bloques:

Aportan valor añadido

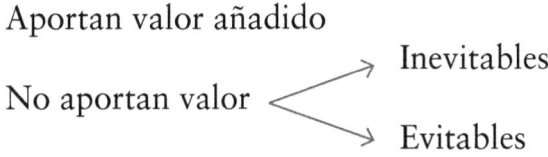

No aportan valor — Inevitables / Evitables

Desglosando al máximo las que no aportan valor, pues son oportunidades de mejora.

Es de resaltar que esta es una herramienta de análisis y, como tal, hay que entenderla.

Esta herramienta o esta plasmación pueden realizarse en dos niveles que permitan simplificar los costes de elaboración facilitar la distribución posterior de las acciones de mejora.

En las empresas generalmente existe una única metodología del flujo de la información, tanto externa cliente, proveedor en todos los sentidos, como interna a planta, también en ambos sentidos. En unos casos información automatizada y en otros con participación humana.

Este esquema acostumbra a ser general y único; por tanto, debe añadirse a un mapa de valor estándar y, a partir de este punto, tratarlo como un conjunto de procesos en sí mismo, analizables y mejorables en este nivel.

Por el contrario, los tipos de productos, procesos o familias que se pueden encontrar en la empresa son múltiples y diferentes. Por tanto, podemos generar un mapa de valor específico para cada flujo, proceso o familia distinto, sin tener que añadir los flujos y procesos de índole administrativo o de gestión a cada uno de ellos. Con ello, y sin perder rigor, simplificamos el proceso de elaboración, el análisis y nos centramos en aspectos concretos de este nivel productivo sin la sobrecarga de tener que aditivar y seguir los del nivel inmaterial o administrativo, que, a su vez, podemos tratar a través de este mapa genérico estándar que hemos elaborado al principio.

Símbolos VSM

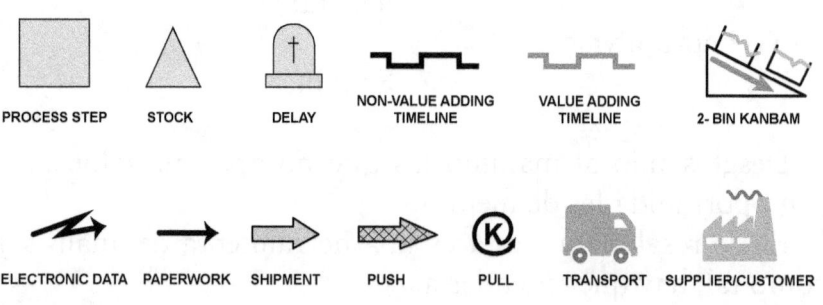

6.3. 5S

Es un proceso en cinco etapas destinado a reducir y eliminar de forma sistemática el desorden, los excesos, los movimientos, tanto en el conjunto del entorno productivo como en toda la compañía.

Las 5S corresponden a las iniciales japonesas:

Japonés	Castellano	Inglés
Seiri	Clasificación y descarte	*Sort*
Seiton	Organización	*Straighten*
Seiso	Limpieza	*Shine*
Seiketsu	Higiene y visualización	*Standardize*
Shitsuke	Disciplina y compromiso	*Systematize*

6.3.1. Preguntas

¿Qué son las 5S?
- Son el punto de partida para la implantación de la sistemática Lean.
- Base de procesos de mejora continua.
- Base del TPM.
- Forma de crear puestos de trabajo agradables, seguros y productivos.
- Base para lograr cero defectos.
- Base para lograr cero despilfarros.
- Base para lograr cero accidentes.
- Base para la reducción de costes.
- Es el proceso para mantener y mejorar los puestos de trabajo.

¿Qué no son las 5S?
- Un zafarrancho puntual de limpieza y orden que se pone en marcha ante la presencia de eventos y visitas importantes.

¿Dónde aplicar 5S?
- En cualquier puesto de trabajo de la empresa.
- En cualquier área de la compañía, ya sean pasillos, almacenes, áreas de paso, de descanso, talleres, oficinas, salas de reuniones, etc. En resumen, en toda el área de la empresa, incluidos patios, aparcamientos, salas de máquina. **En todo.**

¿Qué aportan?
- Seguridad
- espacio
- limpieza
- ahorro de consumibles
- ahorro de tiempo
- mejoras de la calidad
- fábrica visual
- motivación del personal
- reducción de movimientos
- evitar paros
- reducción de stocks
- reducir faltas de materiales
- visualización de los procesos para la mejora
- estandarización de los espacios y flujos de la empresa

¿En qué consiste?
En la aplicación secuenciada de las cinco etapas:

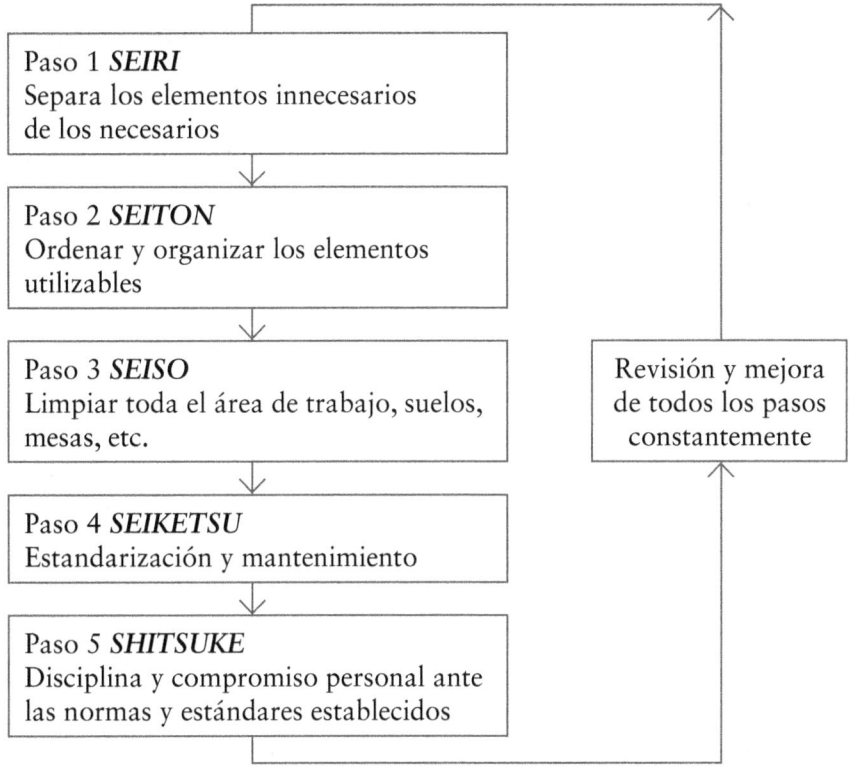

6.3.2. Seleccionar, Clasificar, Eliminar (*Seiri*)

En este primer paso, hay que aplicarse de un modo valiente. Consiste en separar del área escogida todos los elementos, agrupándolos en cuatro grupos:

A. Necesarios de proceso continuo.
B. Necesarios de proceso discontinuo.
C. Necesarios esporádicos.
D. Innecesarios.

A. Necesarios de proceso continuo son aquellos elementos que se precisan para realizar las tareas fijas del puesto y precisos para ejecutar la tarea. Generalmente, estarán definidos en la hoja de operaciones estándar (por ejemplo, en un proceso de atornillado sería el destornillador, en una mesa de un administrativo, el ordenador).

B. Necesarios de proceso discontinuo son aquel tipo de elementos que, sin usarse para cada producto o lote de ellos o tarea concreta, son precisos porque se usan con una frecuencia alta.

Ejemplos: en el taller los útiles para la preparación de un cambio de referencia o producto, en la mesa del administrativo, la cinta correctora.

C. Necesarios esporádicos son aquellos que, sin un uso habitual ni discontinuo, son precisos conservar, puesto que sirven en situaciones muy concretas y esporádicas, bien para el proceso, bien para las máquinas (por ejemplo, la llave de apertura de un armario de la máquina).

D. Innecesarios son todos los elementos que no son precisos para esa área de trabajo. En este punto es donde hay que aplicar la valentía y desterrar esa frase: «Bueno, por si acaso un día...». De estos «por si acaso» las empresas están llenos. Generalmente repetidos, son un coste, por lo que estorban en el espacio que ocupan y el tiempo que hacen perder. Por lo general, están sucios, oxidados y no funcionan.

En este punto hay que tomar las decisiones importantes y, si tiene dudas, **deshágase del trasto**. No lo dude, sáquelo del área y, si está repetido en otros puntos de la compañía, analice si puede deshacerse de todos. Hágalo y, en el peor de los casos, deje uno en un lugar destinado a todos «los unos del por si acaso». Cuando vea el espacio inútil decidirá en la siguiente pasada, tirarlos o venderlos.

Las fábricas están llenas de máquinas, útiles y herramientas obsoletas, y las oficinas de viejos ordenadores, impresoras y otras «perlas» que, en cualquier caso, tendrían mejor acomodo en un museo que en el recinto de trabajo diario.

Llegados a este punto, tendremos tres agrupaciones de elementos (la cuarta agrupación de innecesarios ya no se hallará en el área). Es aconsejable realizar una lista de los elementos en orden de mayor a menor frecuencia de uso para facilitar con ello la toma de decisiones sobre la ubicación que se realizará en el paso siguiente.

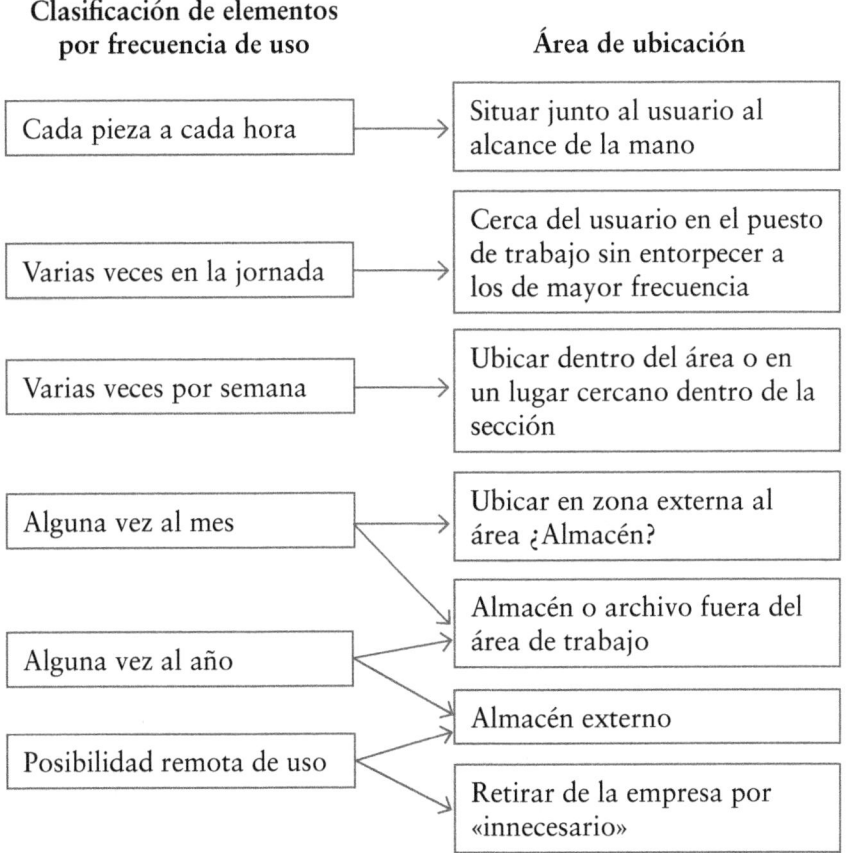

En todos los casos de utilidad prevista hay que etiquetar y numerar todos, tanto para los de baja frecuencia, de alguna vez al mes, hasta los de posibilidad remota de uso. Cuando se guarden o se ubiquen, hay que indicar en la etiqueta la fecha de la última vez que se usó.

También en todos los casos hay que controlar la frecuencia de uso, pues con el tiempo y los cambios, tanto de proceso como del tipo de producto, su situación frecuencial cambia y su estado y ubicación también han de actualizarse. Para el caso de los declarados innecesarios, antes de tirarlos hay que preguntarse:

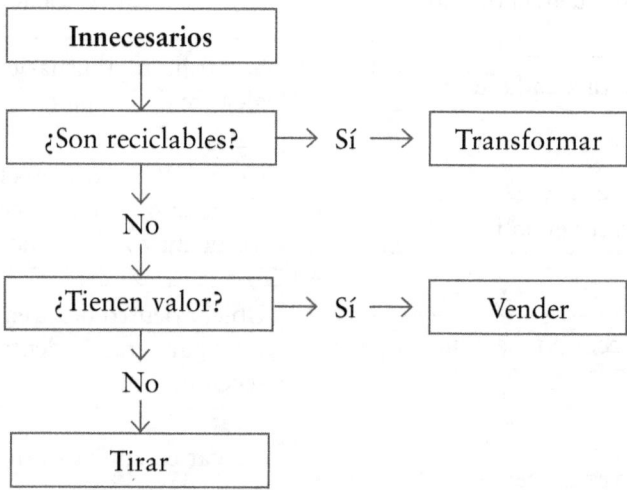

Un comentario para disipar dudas: en muchos centros de trabajo hay una enorme dificultad en separar las cosas o elementos personales de los de trabajo, y el puesto es un lugar donde se tienen mochilas, el casco de la moto, el teléfono móvil, el bocadillo, ropa diversa y un largo etcétera.

Todos estos elementos no forman parte del área de trabajo y no pueden ubicarse ni estar en el entorno de trabajo y no existe ninguna razón para que así sea.

Las pertenencias personales que no sean parte del proceso deben estar **todas** y **siempre** fuera del área de trabajo. Para las pertenencias hay taquillas individuales en los vestuarios.

6.3.3. Ordenar y ubicar (*Seiton*)

Consiste en ubicar los elementos según el criterio de frecuencia que se ha obtenido del punto anterior —*Seiri*— en el área de trabajo. Al ubicar los elementos, hemos de atender a los puntos siguientes:
- ergonomía
- seguridad
- proceso de trabajo
- reducción de desplazamiento

Una vez determinado el punto óptimo para cada elemento, hay que delimitar su posición para que, de forma visual, se pueda siempre conocer el puesto que han de ocupar. Si el puesto está vacío, es un indicador de que falta un elemento.

El modo de delimitarlo va desde cintas adhesivas, marcando áreas, hasta perfilar y pintar la ubicación de las herramientas, a tensores, etc.

En este proceso de ubicación, habrá que definir la ubicación del material de entrada al puesto y la salida de este, así como la cantidad máxima que pueden ubicarse en ambas zonas.

Para los elementos que se han ubicado fuera del área de trabajo o en los almacenes, hay que fijar el procedimiento de extracción y retorno de estos a su ubicación. Es aconsejable establecer los carteles en cada ubicación e incluso una foto y para los elementos de menor tamaño marcar en sus zonas con etiquetas adhesivas.

En este punto vale la pena hacer un replanteo del *layout*, si es posible, para facilitar tanto el trabajo como el flujo y el orden.

6.3.4. Limpiar y mantener (*Seiso*)

En esta fase hay que realizar una limpieza en profundidad de toda el área: suelos, máquinas, mesas, útiles, que no contengan ni polvo, grasa, restos de papeles, etc. En muchos casos, se aprovecha esta acción, tanto para pintar o repintar las máquinas, como los suelos y las líneas de delimitación, ya sean de área, máquinas o pasillos.

En este punto hay que fijar un plan de limpieza que asigne diferentes frecuencias para diferentes partes o zonas del área, así como de los modos, formas y elementos necesarios para la limpieza.

- El suelo se barrerá cada turno y se precisará escoba y recogedor.
- El suelo se fregará una vez por semana y se precisará cubo, mocho, agua y desengrasante.
- Las protecciones de metacrilato una vez cada dos semanas con paño y espray desengrasante, sin alcoholes ni disolventes.

Estos son ejemplos de tareas y modos. Es aconsejable que se plasmen en una tabla adecuada a las necesidades y al formado de cada empresa en que puede acompañarse al dorso de la relación de útiles o productos precisos para esta tabla y su frecuencia de uso mínima (escoba cada turno, mocho una vez por semana, etc.).

Y, si es preciso, fotos de los puntos más críticos de los puntos de limpieza.

Al final del proceso para todas las áreas de la empresa se tendrá que haber definido:

- Qué limpiar.
- Cómo.
- Cuándo.
- Con qué.
- Límite del área (de todas las áreas).
- Responsable del área (y los de todas las áreas).

Así pues, quedará definido a este nivel:

- Qué ha de contener cada área: *Seiri*.

- Dónde ha de estar cada cosa: *Seiton*.
- Nivel de limpieza, zona y responsable: *Seiso*.

6.3.5. Estandarización (*Seiketsu*)

Entendemos como tal el desarrollo de un sistema uniforme y claro de reglas que aseguren el mantenimiento del nivel de resultados obtenidos e la aplicación de las tres primeras actividades o «5S».

Dos elementos básicos:
- Establecer y fijar los estándares.
- Plan de auditorías.

Los estándares se fijarán, por una parte, con los fondos documentales ya creados en cada una de las fases realizadas:

Seiri Relación de elementos, frecuencia de uso y ubicación de los elementos del área.

Seiton Definición, delimitación y señalización de los elementos en sus respectivas ubicaciones.

Seiso Tabla de limpieza y procedimiento de limpieza y orden.

Para esta fase pues hay que unir toda esta documentación en un solo cuerpo documental y añadir el aspecto visual que permita dirimir dudas respecto de los documentos anteriores. Esto se hace mediante la incorporación de un catálogo de fotos que permitan en todo momento visualizar el estado o nivel que se acepta como requerimiento normal y exigido.

Se acompañará de un croquis o plano del *layout* final definido, y de la ubicación de los diferentes elementos del área.

Hay que generar un plan de auditorías con una frecuencia mínima de una vez al mes y de forma aleatoria sin previo aviso. Estas auditorías es conveniente que sean realizadas por personal de otras áreas o departamentos para lo cual serán formadas.

El primer paso consistirá en crear un cuestionario que repasará cada uno de los niveles o fases con preguntas respecto de cada uno de los ítems importantes para cada «S». Así, pues, para la primera:

S	Pregunta	Punto de chequeo	Valoración				Puntos	Observaciones
			1	2	3	4		
1-S	¿Existe algún objeto o elemento no previsto en la zona?	Piezas, carros...						
		Útiles, herramientas...						
		Cables...						
		Documentos, impresos...						
		Mobiliario, sillas...						
		Objetos de seguridad						
		Objetos personales						
		Otros						

A cada punto de chequeo y según estado hallado se le da un valor, siendo 1 el valor más bajo o el peor estado y 4 el mejor valor. La suma de los puntos posibles respecto de los obtenidos nos dará un porcentaje del estado en orden y limpieza del área. Puesto que se puede evaluar y medir, se puede objetivar.

En «Observaciones» se pueden hacer comentarios o enumerar las fotos que se han tomado en la auditoría y que evidencian el estado valorado.

Algunos puntos de chequeo se pueden dotar de un coeficiente mayor que multiplique por dos o por más tanto la puntuación máxima obtenible, como la obtenida. Esto hay que reflejarlo en la hoja.

Puesto que hemos evaluado cada zona, podemos sumar el conjunto de algunas o todas las zonas y obtener un valor global del estado de una planta productiva, de los almacenes, las oficinas, etc. y esto también puede ser objeto de fijación de objetivos de estado de 5S y, a su vez, por zonas y por el conjunto total graficarse y ver la evolución del proceso.

6.3.6. Respetar las normas y estándares establecidos (*Shitsuke*)

Este punto exige de toda la organización:
Disciplina:
- En utilizar los estándares.
- En cooperar con la aplicación de los estándares.
- En cooperar en la mejora continua de los niveles o estándares de sus procedimientos.

Compromiso:
- En la perseverancia.
- En los objetivos individuales y colectivos.
- Entusiasmo para la mejora.

Este punto también ha de estar en la auditoría como «¿Se respeta el proceso?» y los ítems de control pueden ser:
- Se sigue el plan de auditorías.
- Las desviaciones son tratadas inmediatamente.
- Las acciones de mejora están al día.
- En el último periodo se han planteado nuevas acciones de mejora.

6.4. TOTAL PRODUCTIVE MAINTENANCE (TPM)

Las siglas TPM, del inglés *Total Productive Maintenance*, están registradas por el Instituto Japonés de Mantenimiento de Planta (JIPM - *Japan Institute of Plant Maintenance*).

Antes de adelantarnos en el aspecto concreto del TPM, es preciso situarlo dentro del concepto global del mantenimiento.

Definiciones de *mantenimiento*

La European of National Maintenance Societies (EFNMS) define *mantenimiento* como: «Todas las acciones que tienen como objetivo mantener un artículo o restaurarlo a un estado en el cual pueda llevar a cabo alguna función requerida. Estas acciones incluyen la combinación de las acciones técnicas y administrativas correspondientes».

Otra definición muy acertada sería: «La conservación de una cosa en buen estado o en una situación determinada para evitar la degradación».

El mantenimiento industrial ha de permitir producir, con calidad, seguridad y rentabilidad, mejoras que se aportan en:
- costes de producción
- calidad de producto
- calidad de servicio
- capacidad de proceso
- seguridad e higiene
- calidad de vida de los empleados
- alargamiento de la vida útil
- pleno rendimiento de los activos
- reducción de inversiones

El mantenimiento no es un gasto, es una inversión para el éxito de la empresa y en muchas compañías, al percibirlo como un gasto, lo que finalmente obtienen son activos o máquinas degradados, improductivos y todos los aspectos contrarios a lo que he definido como mejoras aportadas.

Tipos de mantenimiento

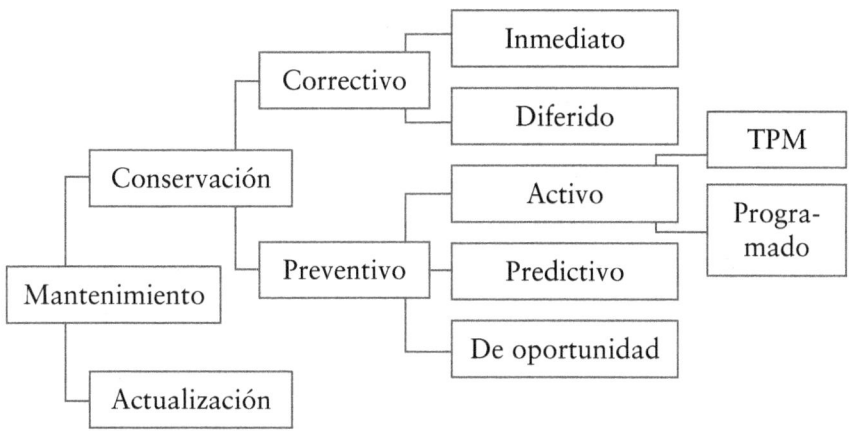

Conservación: el destinado a conservar en buen estado y operativo el bien.

Actualización: el destinado a mejorar las características del bien, revirtiendo la obsolescencia tecnológica y la adaptación a nuevas exigencias técnicas.

Correctivo: reparación como consecuencia de una avería o un paro no programado que provoca un mal funcionamiento de la instalación.

Preventivo: son todas aquellas acciones que están encaminadas a evitar averías o mal funcionamiento de instalaciones, máquina o utillajes.

Inmediato: se interviene y repara de modo inmediato con los elementos de normal disposición.

Diferido: precisa generar de unas condiciones que, hasta que estas no se den, no se puede intervenir (parar un horno).

Activo: que se genera de modo continuo o programado.

Predictivo: acciones o análisis de estado de máquinas o instalaciones para predecir los fallos antes de que estos se produzcan (termografías de cuadros eléctricos).

De oportunidad: es el mantenimiento que se realiza durante los periodos de paro de la actividad de las instalaciones, ya sea por intervenciones profundas y complejas, por necesidad de desmontar partes importantes de los equipos, etc., para garantizar el correcto funcionamiento durante un largo periodo (paradas de vacaciones).

TPM: acciones programadas y sistemáticas realizadas por todo el personal productivo.

Programado: acciones planificadas y programadas realizadas por el personal de mantenimiento.

Todos estos mantenimientos son evaluables *a priori* y es posible establecer los costes esperados excepto los correctivos, que se producen de forma indeseada con paros, mala calidad, pérdidas de producción, deficiencias de servicio, aumento de stocks, estrés y un largo etcétera.

Excepto el de actualización, todos los demás están destinados a evitar los correctivos y de la eficiencia y eficacia de estos dependen los resultados, evitando las averías.

El último en llegar ha sido el TPM y es el destinado a lograr incorporar como fuerza de choque del mantenimiento a todo el personal productivo, para que el peso y la dependencia del preventivo realizado por el equipo de mantenimiento pase a la planta productiva, pudiendo mejorar tanto los ratios de coste, las averías y el compromiso de todo el personal con sus instalaciones pasando del «**Yo fabrico, tu reparas**» al «**Yo mantengo mi equipo**».

Una vez hemos situado todos los aspectos del mantenimiento y sus objetivos, podemos ya pasar a los aspectos del TPM.

¿Qué es?

Un complemento a las clases de mantenimiento clásicas. Consiste en la realización de acciones más o menos sencillas que permitan reducir y prever rápidamente, y en alto grado el número de averías.

¿Quién?

Toda la plantilla, cada uno en su puesto, comprometiéndose con el mantenimiento de los activos con los que trabaja.

¿Para qué?
- Para eliminar averías.
- Obtener objetivos globales e individuales de producción.
- Mejorar la seguridad.
- Mejorar la calidad.
- Mejorar costes.
- Mejorar plazos y servicios.

¿Cómo?
- Mediante equipos de automantenimiento.
- Implicación y compromiso de los operarios de máquinas y equipos.
- Análisis de problemas y soluciones.
- Conocimientos de las máquinas.
- Rutinas estándar de observación, limpieza y engrase hasta progresivamente aumentar el nivel de las acciones de auto mantenimiento siempre fijadas en el estándar.

Estas preguntas y las respuestas nos encaminan hacia el marco de actuación de esta herramienta.

En primer lugar, indicar que, con la actividad 5S, son complementarias entre sí y son las dos herramientas de aplicación directa sobre el entorno de trabajo en máquinas, utillajes y espacio geográfico.

Tienen tanto en común que algunas empresas llegan al TPM después o como consecuencia de las 5S y en otras, por el camino inverso. La mejor opción es la de las dos herramientas a la vez.

Los pasos a seguir son:

      A   Limpieza de máquinas, herramientas y útiles
           ↓
      B   Detectar fuentes de suciedad y fugas de fluidos
           ↓
  C   Detectar desajustes, faltas de piezas, tornillos flojos o faltantes, etc.

En este paso se abren dos caminos paralelos:

D Estandarizar y fijar los niveles de limpieza, procedimientos, partes a limpiar, engrases, inspecciones visuales, limpieza o cambios de filtros y las diferentes frecuencias	E Reparar y ajustar los desperfectos hallados. F Estandarización de las condiciones de apriete de tornillos o de ajuste de las partes de la máquina

           ↓
  G   Revisión conjunta con Mantenimiento y Producción de las pautas
       y trabajos a realizar por los equipos de automantenimiento
           ↓
    H   Formar al personal de producción en las tareas asignadas y
       tutorizar inicialmente la realización de las tareas
           ↓
      I   Implantar

Aclaraciones o ampliación de puntos los puntos A y B son totalmente coincidentes con la actividad de 5S.

El punto C persigue detectar todas aquellas anomalías que, aunque a corto plazo, no generan averías, no están actuando o no están completas como en el origen de la instalación.

En el punto E, mantenimiento ha de reparar todos los desperfectos que se hayan encontrado durante la revisión realizada conjuntamente con producción de los pasos A – C.

El paso D es similar al creado en la actividad de 5S, en la fase 3S —*Seiso*— y se pueden usar los mismos pasos y tipo de documentación. En algunas empresas se ha llegado a unificar el documento y los procesos.

El paso F lo realiza mantenimiento y, al fijar puntos de apriete, por ejemplo, se marca con un rotulador indeleble una raya que va de la cabeza del tornillo al punto fijado de modo que una inspección visual nos permita rápidamente ver que se ha movido (en algunos puntos se utiliza una gota de lacre). Para los manómetros se marcan o con adhesivos o con un rotulador las zonas de funcionamiento correcto, de tal modo que también una rápida observación visual permiten conocer el estado del circuito que controla el manómetro. Estos aspectos hay que fijarlos dentro del estándar definido en el punto D.

El punto G consiste en una revisión conjunta de lo definido en el estándar con producción, que será el encargado de ejecutar los trabajos. Se definirán las herramientas precisas, el nivel de formación con el que es preciso dotar al personal para que realice los trabajos. En la revisión habrá que asegurar que en los procedimientos estándares se fijan y se tienen en cuenta los mantenimientos y las observaciones que se realizan con la máquina en marcha y los de máquina parada, así como los aspectos de seguridad para cada uno de los casos como por ejemplo:

- Desconexión interruptores eléctricos.
- Retirar instrumentos móviles o de medición.
- Retirar protecciones (solo con máquina parada).
- Y el posterior retorno, tanto de protecciones como del resto de elementos desmontados.

El punto H consiste en dar la formación al personal en el seguimiento y tutela inicial de la correcta ejecución de las tareas; la formación ha de ser a operarios y mandos. Puesto que estos últimos serán los responsables de las futuras formaciones en este puesto.

Hay que poner en marcha el proceso de forma similar al de 5S, también teniendo que realizar como en aquel caso la ejecución de lo definido en la 4S como la fijación y seguimiento de un sistema de auditorías similar y adaptado a las circunstancias del TPM, donde lo que en aquel caso eran las preguntas de cada paso 5S, en este serían similares, pudiendo definir:

TPM1	Limpieza	Partes, filtros
TPM2	Fugas	
TPM3	Engrases	
TPM4	Inspecciones visuales	
TPM5	Cambios	
TPM6	Auditorías	
TPM7	Disciplina y compromiso	

Por ejemplo, para este último punto los ítems serán del siguiente tipo:
- Se sigue el plan de auditorías.
- Las desviaciones son tratadas y reparadas de forma inmediata.
- Las acciones de mejora están al día.
- En el último periodo se han planteado nuevas acciones.
- Se identifican las anomalías.

Similar al caso de 5S y que puede por tanto también obtener un medible del estado de cumplimiento y por tanto pueden constituirse y establecer objetivos de nivel por zonas, máquinas o planta.

No entro aquí en los pasos para la implantación, características y formas de formar, habilidades, etc.

Pero sí que es fundamental aclarar que esta es una herramienta viva y que precisa de constante evolución para que la planta cada día asuma más partes y que se trasvasen más aspectos del mantenimiento preventivo programado al TPM. Para ello es preciso que, como un bucle constante, cuando se ha llegado al punto I de modo sistemático se retorne al análisis de los puntos A hasta el H para, mediante herramientas de análisis y de mejora continua, se simplifiquen, se robustezcan, se mejoren todas las actividades, pasando desde la mejora de las actividades de limpieza, evitando la suciedad como la simplificación de las tareas que realiza mantenimiento para que pueda realizarlas el personal de producción o la mejora progresiva en la capacitación de este.

6.5. ESTANDARIZACIÓN

Aquí repetiré lo ya expresado en el apartado 3.15 y definiré lo que ha de contener una hoja de operación estándar u otro documento que fija condiciones para su repetitividad. Para la elaboración de un estándar es recomendable contar con la participación de quienes después operarán con él, porque aportarán conocimiento y obtendremos compromiso de su parte:
- Ha de estar numerada con una identificación exclusiva y, por tanto, registrada.
- Ha de definir el ámbito de aplicación: máquina, puesto, centro.
- Producto para el que se establece: referencia.

- Proceso u operación: operación, preparación, etc.
- Croquis del *layout* si afecta a puestos de trabajo concretos.
- Condiciones de seguridad y EPIS.
- Herramientas necesarias.
- Descripción detallada de las operaciones en orden de ejecución. Descripción del método operativo. Pueden acompañarse de fotografías de los pasos en la descripción, si existen pasos como «Apriete de tornillo con llave dinamométrica hasta par...».
- Puntos de control del producto o del proceso con indicación de medios a utilizar, frecuencia, datos o cotas nominales y desviaciones aceptadas, tamaño de la muestra.
- Croquis de producto con las cotas y características que afectan a esta fase.
- Cuestionario con los posibles problemas y acciones asociadas que permitan al ejecutor de las acciones conocer qué hacer frente a los problemas o casuísticas descritas.
- Zona donde se fije fecha de la última emisión/ revisión, quién la ha realizado y firma autorizada para que se pueda utilizar este nuevo estándar y fecha.
- Zona o cajetín con descripción del histórico de modificaciones del mismo modo en que se realiza para planos.
- Zona de observaciones que resalten algún punto que se crea importante, sea de calidad, proceso, seguridad, etc.
- Toda hoja, tabla, etc. estándar ha de llevar el logo de la empresa.

Cada empresa ha de definir la que mejor se ajuste a sus características o necesidades (el tamaño puede ser desde A4 hasta A3, en los dos casos por ambas caras).

No aconsejo que se utilicen sistemas plastificados, que, si bien tienen la ventaja de impedir modificaciones no deseadas así como el deterioro de la hoja, tienen la desventaja de impedir realizar anotaciones y actualizaciones (en las que siempre ha de constar quién y cuándo las ha realizado, y ha de tener la autorización para hacerlo) que dan vida a la hoja. Para evitar el deterioro, se pueden utilizar fundas de plástico. Eso sí, al cabo de un tiempo, las hojas o tablas han de revisarse y actualizarse. No obstante, esto último también es a criterio de cada empresa.

6.6. FORMACIÓN ILUO

No hablaré en este punto ni de las bondades e importancia de la formación, puesto que ya lo he hecho en el apartado 3.16, ni tampoco de cómo han de realizarse las formaciones. En este apartado me referiré a una herramienta sencilla que permite conocer, de modo visual, el estado de formación y polivalencia de un determinado colectivo respecto de unos determinados trabajos, puestos y funciones.

A su vez, esta herramienta permite conocer el grado de dependencia de algunos de estos trabajos, puestos y funciones, a las personas capaces de realizarlos con garantías de éxito.

Otra capacidad de la herramienta permite fijar objetivos de formación, tanto en los puestos como en las personas. Permite dar valor a cada una de las situaciones y puestos que tienen valor son medibles. Si son medibles, permiten establecer objetivos y conocer la evolución de los resultados.

Por último y no menos importante, puede servir como varemos de valoración de capacidades del individuo, que ya explicaré cómo.

En primer lugar, vamos a definir qué significa cada uno de los símbolos que forman el anagrama ILUO (son cuatro aunque en algunas organizaciones se aplican cinco).

Tabla de control de habilidades

Los niveles de este sistema se dividen en cuatro, dependiendo de la habilidad lograda por el operador a lo largo del tiempo. En estos niveles se designa con una «I» al operador que se encuentra en entrenamiento; con una «L» al operador principiante; con una «U» al intermedio y con una «O» al avanzado (de ahí el nombre «ILUO»). Si la intersección está en blanco, significa que el operador no se ha considerado para la operación. Los niveles de habilidad se describen a continuación:

NIVEL I

Se considera nivel I cuando se encuentra en entrenamiento práctico. Un operador se encuentra en nivel I hasta que cumple todos los requisitos para ser considerado «L» en un puesto específico; entre otros, estos requisitos son alcanzar al menos un 80 % del tiempo estándar requerido, los productos sean fabricados con calidad y se transfieran al siguiente nivel (precisa de supervisión intensa).

NIVEL L

El operador designado al nivel L en una operación es capaz de cumplir al menos con el 80 % del tiempo estándar establecido para la operación. Cumple con el nivel de calidad mínimo requerido y conoce los puntos críticos de la operación. Además, conoce los procedimientos de identificación del material y planes de reacción, de manera que comunica a su supervisor cualquier anomalía detectada. El operador es capaz de efectuar un mantenimiento de primer nivel y los cambios de línea necesarios con supervisión. La supervisión precisa de menor intensidad por supervisor y jefe de equipo.

NIVEL U

El operador designado al nivel U cumple con el tiempo estándar establecido de la operación, con la calidad requerida y realiza la secuencia de operaciones sin equivocarse. Además conoce todos los posibles defectos establecidos en la hoja técnica y tiene capacidad autónoma de trabajo. La supervisión es esporádica y capaz de efectuar cambios de modelo autónomamente.

NIVEL O

El operador designado al nivel O ha logrado dominar las operaciones de su función. De tal manera, cumple con el 100 % del tiempo estándar establecido para la operación, identifica todos los problemas de calidad establecidos y puede prevenir fallas dado el conocimiento que tiene de los puntos críticos de la operación. Además es capaz de capacitar a otros operadores en la función asignada. En esta etapa, las frecuencias de verificación del supervisor y auditor de calidad continúan en nivel normal.

Estas siglas pueden también cambiarse por valores que servirán para obtener totales o referentes numéricos de esta forma:

I	=	1	o	1
L	=	2	o	2
U	=	3	o	6
O	=	4	o	8

Como se puede apreciar, podemos dar valores con diferente progresión para cada nivel si lo que queremos resaltar es la importancia de las posiciones U y O por la capacidad de autonomía que implican.

A su vez, si definimos determinados puestos de trabajo como de especial valor, relevancia o dificultad, también podemos asignarle a estos puestos un factor de corrección que multiplique por dos o por tres los valores a indicar en la tabla.

Con esta información generaremos una tabla, en cuya primera columna estarán los nombres del colectivo de empleados que están o han estado en el colectivo objeto de seguimiento (puede ser desde una sección hasta toda la empresa).

En la primera fila superior estará la relación de tareas, máquinas o funciones que forman el área, la sección o el total de la empresa (cuanto más grande, más difícil de manejar y se aconsejan áreas con una clara definición de tareas). El ámbito y la forma es decisión de cada empresa.

En la intersección entre el puesto o tarea y el nombre del empleado, indicaremos el valor del ILUO que tiene este operario para este puesto en base a la tabla de valores que hayamos establecido. Si en la posición este empleado no tiene formación, la dejaremos vacía.

Al final de la columna de cada centro, tarea o función abrimos una fila con la suma de los puntos obtenidos para este puesto. Abriremos otras cuatro filas más, una para cada letra, en las que indicaremos cuántas posiciones hay en esta tarea con capacitación I y lo mismo para cada letra. Tendremos el valor y la distribución de este valor, lo que nos permitirá conocer cuántos empleados y con qué profundidad conocen este puesto. Después de la última columna con una tarea o función, abrimos una columna en la que irá la suma de los valores asignados al empleado para cada posición y, a continuación, también una columna para cada nivel, donde anotaremos cuántas veces está en el nivel I. Para cada uno de los niveles obtendremos un valor de polivalencia del empleado.

A partir de este punto podemos establecer medibles de valoración global; así, si tomamos todos los puestos definidos —ejemplo, 10— y el total de los operarios del colectivo de análisis —en este caso, 10 empleados— y a cada puestos tomamos el valor asignado a O —en este caso, sería de 4 puntos—, tendríamos que el máximo obtenible sería 10 puestos por 4 puntos y por 10 empleados: el máximo serían 400.

Sumamos la columna de puntos obtenidos por todos los operarios (la suma de la fila del valor máquinas sería la misma).

Podemos establecer cuál es el nivel de formación cuantificado en porcentaje, así si la suma obtenida es de 115 puntos, el porcentaje sería:

$$\frac{115}{400} \times 100 = 28{,}75\,\%$$

Este ya es un valor que permite poner objetivos numéricos a la formación.

Con respecto al empleado sería:

Puestos	10
Puntos	4
Total puntos obtenibles	40
Puntos obtenidos	18

El porcentaje sería $\dfrac{18}{40} \times 100 = 45\,\%$

Podemos también establecer objetivos individuales.

Otro modo de fijar objetivos de formación muy habitual es el de determinar «cada puesto, tres empleados por turno a nivel mínimo L y, cada empleado, tres puestos como mínimo a nivel L».

Aunque yo aquí indique nivel L, puede ser el que la empresa considerar adecuado.

Si a los puestos de mayor dificultad les hemos corregido su valoración con un coeficiente y hemos cambiado para estos puestos el valor de O a otro nivel (por ejemplo, 8 puntos), para el cálculo de los máximos puntos alcanzables (en el ejemplo, 400), se habría de corregir para que el porcentaje siguiera siendo correcto. El efecto sería destacado para ver la valoración del empleado, puesto que, aunque cambiara el divisor (en este caso, 40) por más valor de algunos puestos, los empleados que estuvieran cualificados para estos puestos verían su valoración y capacidad reconocidos.

Esta tabla, aunque pueda realizarse para colectivos muy amplios (toda la planta de producción), puede también verse o separarse por áreas. Lo que en cualquier caso permite es:

- Conocer el grado de dependencia y flexibilidad de la planta.
- Evaluarlo numéricamente por área.
- Evaluarlo por empleado.
- Evaluarlo por puesto.
- Fijar objetivos cuantificables en todos los casos.

6.7. SINGLE MINUTE EXCHANGE OF DIE (SMED) O CAMBIO RÁPIDO DE REFERENCIA

El nombre *single minute exchange of die* procede del resultado/objetivo de Toyota al lograr pasar de un cambio en sus prensas de estampación de algo más de cuatro horas a algo menos de diez minutos.

Mi experiencia personal es con moldes de grandes máquinas para inyección de parachoques. Hacia finales de los años ochenta, un cambio de molde sin cambio de material se situaba alrededor de las seis horas y, con cambio de material, en ocho, claro está, incluyendo el calentamiento de molde y material y los ajustes hasta lograr la primera pieza buena y su repetitividad. A mediados de los años noventa, el tiempo de un cambio completo para aquellas mismas máquinas e instalaciones era de aproximadamente una hora, incluido el calentamiento de moldes y materiales. En la actualidad, el cambio de estas mismas máquinas e instalaciones está alrededor de los dieciocho minutos (si las mismas se conservan en un excelente estado y siguen siendo altamente competitivas).

Para ilustrar el SMED o su filosofía, basta con calcular en cuánto tiempo somos capaces de cambiar las cuatro ruedas de nuestro vehículo, que, siendo muy hábiles y entrenados, no estará por debajo de los cuarenta minutos; eso es, 2 400 segundos. Si lo comparamos con un cambio actual de Fórmula Uno, que está cercano a los tres segundos, para unas condiciones de requerimientos de seguridad extremos, hay todo un mundo. Si para la F1 hay dieciocho mecánicos que, en nuestro cambio y con un reparto exacto, daría un tiempo de cambio de 133 segundos (más de dos minutos). Lo que nos dice esto es que no es la cantidad de recursos humanos empleados, si no que existe un trabajo completo de mejora continua en el cambio, en la formación del equipo, en el análisis y mejora de los más mínimos detalles para reducir centésima a centésima.

Volveremos a comentar la F1, pero nuestro objetivo es industrial.

¿Qué aporta el proceso SMED?
- Reducción de tiempos de paro de máquinas en los cambios y preparaciones.
- Incremento de productividad.
- Flexibilidad.
- Reducción lotes de fabricación.
- Aumentar capacidad de la instalación.
- Reducción *lead time*.
- Mejora de la calidad.
- Reducción costes.
- Reducción stocks.
- Entregas a tiempo.
- Aplicación JIT–Kanban.
- Mejora OEE.

Leyendo esto, parecería que es la solución a todos los males pero sin serlo. En exclusiva, es una potente herramienta para nuestra competitividad.

Entendemos como cambio, preparación o *setup* todo el tiempo que va desde la última pieza producida buena y vendible de un producto hasta la obtención de la primera buena de la siguiente fabricación y que, a partir de esta, ya se obtiene la cadencia o ciclo previsto.

Después de constituir el equipo de trabajo:

El proceso tiene cinco pasos que son sencillos, pero hay que hacerlos con rigor y fuerte compromiso.

El éxito de esta herramienta pasará porque:
- La gerencia se comprometa y sea el principal *sponsor*.
- La dirección de la producción ha de ser el principal impulsor y comprometido, y buscar el compromiso de todos; es el primer *sponsor* y conseguidor.
- Logística comprometida en los movimientos de materiales a tiempo.

- Almacenes de utillajes y recambios tendrá ordenados, limpios y localizados todos los útiles para el cambio.
- Mantenimiento-actuación comprometida en las intervenciones y acciones de mejora.
- Calidad apoya a asegurar la calidad del inicio de producción.

6.7.1. Estudio de la situación actual

Es preciso tener presente que, en el análisis inicial, encontraremos cinco grandes pérdidas:
- Falta de método en las operaciones.
- Falta de útiles herramientas y equipos estandarizados, así como su disponibilidad.
- Falta de apoyo en otros departamentos.
- Falta de formación de personal.
- Falta de mentalidad de mejora continua.

En este punto se recogerá información histórica de los cambios, se tomarán datos de pesos, medidas, etc.

Se realizará un estudio de tiempos, ya sea mediante cronómetro o (lo más aconsejable), por filmación de todas las operaciones que se realizan en la actualidad, siguiendo y captando todo lo que hace el operario. Si en el cambio intervienen otros operarios, también un seguimiento y toma de datos de igual modo que al principal y a la vez.

Hay que ser muy escrupuloso en estas tomas, puesto que en ello radicará el éxito del trabajo posterior.

6.7.2. Separar preparación interna de externa

En este punto hay que anotar todas y cada una de las operaciones en un *post-it* con orden de operación, descripción de la operación y tiempo. Se situarán en orden correlativo, tanto las del operario principal como las de los operarios auxiliares (estos últimos, paralelos al primero y sincronizando la altura de las operaciones y las esperas de unos y de otros).

Con esta secuencia definida se extraerán de ella todos los *post-it* que, tras un análisis, definamos que pueden realizarse fuera del proceso principal a máquina parada, se encontrarán:

- Paro inicial por falta de documentación.
- Falta de coordinación por falta de definición de tareas.
- Búsqueda de útiles durante el paro de máquina.
- Búsqueda de herramientas.
- Desplazamientos innecesarios.
- Esperas.
- Falta de formación.
- Reinicio de la producción sin coordinación y sin el puesto preparado.
- Descoordinación con otras áreas como mantenimiento, almacenes, calidad, etc.

Estas y otras similares son operaciones o tareas susceptibles de ser realizadas durante el tiempo de la máquina en marcha durante la producción anterior y otras, durante el proceso en marcha de la nueva producción.

Alguna de estas *operaciones,* que se apartarán durante el proceso de mejora, hay que eliminarlas dentro y fuera del ciclo principal.

Llegados a este punto, el proceso de cambio ya tendrá menos operaciones con máquina parada y, por tanto, ya habremos reducido el tiempo de preparación. Pero con esto no es suficiente.

6.7.3. Convertir internas en externas

Con las operaciones que han quedado como internas hay que realizar un análisis para ver cuáles de ellas se pueden realizar fuera del tiempo de máquina parada, ya sea antes del inicio de este o una vez ya en trabajo de la producción siguiente.

Por ejemplo, en el caso de los moldes de inyección, realizar el calentamiento de estos en el exterior y, cuando están sujetos y no anclados definitivos, ya calentar en máquina.

En F1, el coche se calienta y se mantiene en mantas para que, al retornar a pista, sea competitivo desde el principio y no tenga que emplear un tiempo en el calentamiento, que sería una causa o tiempo mayor del cambio.

En esta fase es importante la capacidad creativa y de análisis, pues permite mejoras muy importantes (atemperar un molde de inyección de un parachoques puede llegar a las dos horas).

6.7.4. Perfeccionar todos los aspectos de la preparación

Esta fase es similar a la anterior. Precisa trabajos de análisis y creatividad importantes, pues, llegado al punto de las operaciones que finalmente quedan en tiempo de máquina parada, consiste en cómo se pueden optimizar y minimizar estas. Para ello, tener en cuenta:
- Sincronizar.
- Secuenciar operaciones (antes del anclaje definitivo del molde, continuar con el calentamiento para recuperar la temperatura perdida).
- Sistemas de anclaje rápido.
- Sistemas de preajuste, galgados.
- Disposición de las herramientas y auxiliares.
- Confección de herramientas específicas.
- Sistemas de conexión rápida (hidráulica, neumática, eléctrica, etc.).

Al llegar al final, el tiempo habrá cambiado radicalmente.

6.7.5 Estandarizar, formar y consolidar

Con la implantación del nuevo proceso, este se ha de estandarizar, creando una documentación que determine de forma clara qué, quién, cuándo, cómo y con qué de todo el proceso y para todos los implicados operativos, mandos y otros departamentos.

Habrá que formar siguiendo la pauta estándar a todos los implicados para que la coordinación sea perfecta. Además, habrá que realizar las preparaciones tutoradas por el equipo de proyecto para asegurar el acoplamiento de todos los elementos, equipos, personas y departamentos se lleve a cabo de la forma correcta.

También, consolidar el proceso con pautas de seguimiento en tiempos y métodos del cumplimiento de todos los pasos y procesos definidos en el estándar.

ANÁLISIS DEL CAMBIO

FECHA FILMACIÓN Nº
PUESTO TOMA DE DATOS POR:
EQUIPO DE ANÁLISIS FASE

	PASOS	1	2	3	4	5	6	7	8	9	10	11	12		
OPERARIO 1	OPERACIÓN														
	TIEMPO														
	Nº														
	TIEMPO ACU														
OPERARIO 2	OPERACIÓN														
	TIEMPO														
	Nº														
	TIEMPO ACU														

OPERACIONES DE INTERNO A EXTERNO Y MEJORADAS

	PASOS	1	2	3	4	5	6	7	8	9	10	11	12		
OPERARIO 1	OPERACIÓN														
	TIEMPO														
	Nº														
	TIEMPO ACU														
OPERARIO 2	OPERACIÓN														
	TIEMPO														
	Nº														
	TIEMPO ACU														

NUEVO PROCESO

	PASOS	1	2	3	4	5	6	7	8	9	10	11	12		
OPERARIO 1	OPERACIÓN														
	TIEMPO														
	Nº														
	TIEMPO ACU														
OPERARIO 2	OPERACIÓN														
	TIEMPO														
	Nº														
	TIEMPO ACU														

OPERACIONES CON MEJORAS A REALIZA (SON OPERACIONES QUE ESTÁN PENDIENTES DE ANÁLISIS PARA UNA MEJORA QUE PERMITA REDUCIR CICLO TOTAL Y SIEMPRE HACEN REFERENCIA AL CUELLO DE BOTELLA DEL CAMBIO)

	OPERACIÓN			
OPERARIO	TIEMPO			
	Nº			
	TIEMPO ACU			

6.8. PLAN-DO-CHECK-ACT (PDCA)

Conocido también como método o rueda de Deming, quien lo implantó en las empresas japonesas, fue definido con anterioridad por Walter A. Shewart de este modo: «Un proceso metodológico elemental aplicable en cualquier campo de la actividad, con el fin de asegurar la mejora continua de dichas actividades».

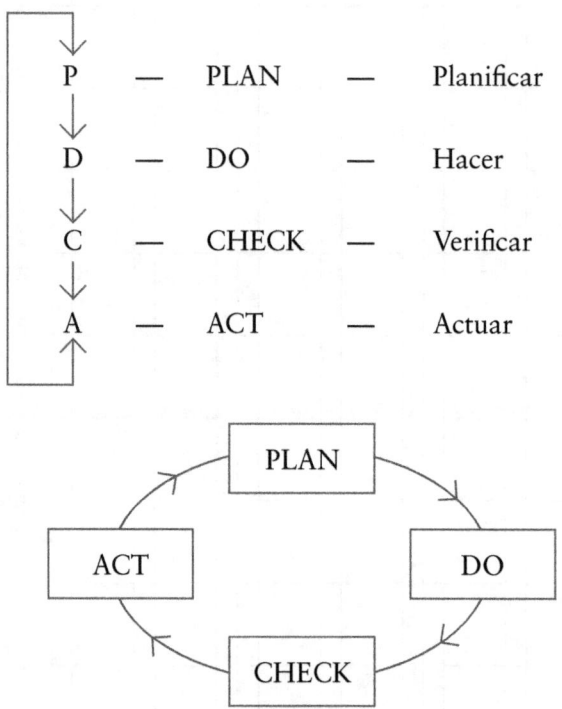

Estas son las partes de una rueda representadas en una pendiente hacia la que se asciende a la excelencia y falcada o asegurada por la estandarización para que esta no tenga posibilidad de marcha atrás.

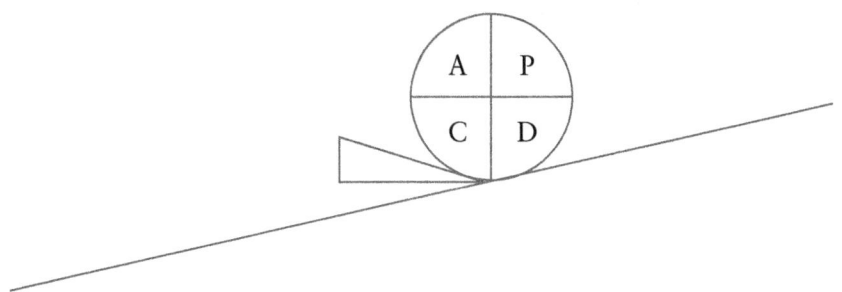

«Un problema es una oportunidad».

Se asocia el uso de la herramienta PDCA a una elección dentro de la primera parte del proceso P (de planificar), como la búsqueda de actividades susceptibles de mejora, establecer para esta o estas actividades unos objetivos a alcanzar, analizar la situación de partida, determinar las causas, causa-efecto y definir las medidas correctoras, así como las acciones y pasos que creemos nos conducirán al objetivo deseado.

La definición habla de la elección de una acción, entre otras posibles que, en un proceso de mejora continua, acostumbran a ser las incidencias o mayores valores de un pareto. Pero es una herramienta excelente para el tratamiento de problemas no escogidos y sí sobrevenidos, siendo estos tomados, como dice la frase, como oportunidades.

Esta herramienta es, pues, útil para la gestión de actividades de mejora continua, como registro y gestión de problemas ocurridos en el día a día de la gestión o de las relaciones con clientes, acciones derivadas de las reuniones de planta, etc.

El modo de tratarlo no ha de ser de una lista única de acciones pendientes. Es bueno tener una lista de actividades cuando son de naturaleza poco compleja; por el contrario, un PDCA específico está referido a proyectos o actividades más complejas.

P — PLAN — PLANIFICACIÓN
Identificar acciones o problemas a tratar
↓
Seleccionar por prioridad e importancia
↓
Definir objetivos
↓
Documentar y conocer la situación actual
(definir hechos, medir, comparar)
↓
Analizar y determinar las posibles causas:
causa-efecto (*brainstorming*)
↓
Confirmar y determinar las causas reales
↓
Determinar las acciones correctoras a realizar

D — DO — HACER
Aplicar lo que se ha planificado
↓
Formación en la aplicación
↓
Determinar test de seguimiento
Qué, cómo, dónde, cuándo
↓
Asegurar la correcta aplicación
de las acciones planificadas

C — CHECK — VERIFICAR

Control de las actividades implantadas
↓
Aplicación de los procedimientos de test del proceso
(*qué, cómo, dónde, cuándo*)
Verificar la validez del proceso
↓
Evaluación de resultados

↙ ↘

Resultados no son acordes a lo esperado Sustancialmente fuera de objetivo

Resultados en línea a los objetivos
↓
Pasar a fase siguiente

Reiniciar ciclo en P
Pasar a añadir el conocimiento adquirido

A — ACT — ACTUAR

Estandarizar y fijar procedimientos
↓
Ampliar y fijar formación
↓
Verificar la correcta aplicación de los nuevos estándares
↓
Aplicación horizontal a otros puntos, fases, productos
Con igual problema
↓
Actualizar en AMFE general

Las consideraciones finales para este proceso son:
- Recoger estas acciones en un documento de trabajo y que permita un seguimiento visual claro.
- El documento de seguimiento puede ser sencillo, lo cual no impide que la documentación asociada pueda ser muy voluminosa.
- El documento resumen ha de constar, como mínimo, de:
  - Anagrama de la empresa.
  - Casilla para numerar el problema.
  - Definición del problema de forma clara y escueta.
  - Fecha de inicio o incorporación.
  - Una línea para cada acción correctora prevista para la solución del problema.
  - Un responsable de la ejecución de la acción.
  - Fecha prevista en la acción estará realizada.
  - Fecha real de ejecución.
  - Indicador visual del estado global de la mejora.
  - En algunos casos se utiliza una copia de la rueda de Deming dividida en cuartos y se sombrean o colorean los niveles ya realizados.
  - En otros, cuatro columnas encabezadas por PDCA respectivamente y también se sombrean o colorean las ya realizadas.

Los puntos cerrados se guardan en un archivo aparte o, en caso de situar el seguimiento sobre una hoja Excel, se abre una pestaña de históricos.

Que exista una hoja de seguimiento de todos los problemas, acciones de mejora, etc. no implica que este sea el único documento de trabajo, puesto que este trabajo puede estar soportado por otras herramientas como pueden ser 8D, SMED, Kaizen, 5M y otras.

Aunque en el documento se identifica una acción un responsable, esto no indica que la ejecución, análisis, etc. corresponda a este en exclusiva. Es la cabeza visible si así se precisa de un equipo mucho más amplio o el responsable de que la acción se ejecute aunque sea un proveedor exterior.

Desde la fase Plan (P) hasta la fase Act (A), se acostumbra según la entidad y dificultad del proceso a constituir equipos de trabajo de mayor o menor nivel de integrantes y especialistas multidisciplinares, aunque en la hoja resumen de seguimiento solo pueda aparecer un nombre de responsable.

Es importante aclarar que el resumen de las acciones pendientes en el PDCA es un indicador de la salud de la mejora continua en una empresa o colectivo.

Qué elementos hemos de apreciar:
- Flujo de entrada de acciones o mejoras planificadas.
- Un PDCA con un nivel alto y continuado de entradas indica que existe un estado de conciencia de la importancia de la mejora continua y que la aportación de ideas y propuestas es alta (solo si estas propuestas son por problemas repetitivos y no resueltos sería un mal dato).
- Flujo de finalizaciones o acciones cerradas con éxito.
- Importante. Al flujo de propuestas y de ideas hay que darle respuesta rápida y eficiente. Si el flujo de entradas aumenta, el de cierres con éxito ha de crecer en igual proporción como mínimo.
- Tiempo medio de las acciones entre la entrada y la finalización o cierre con éxito.
- Es un indicador importante, puesto que, si se establecen plazos muy largos para la resolución de las mejoras, estas cada día que pasa pierden el beneficio que de ellas se esperaba y, por tanto, perdemos oportunidades de mejora de resultados. También incide en la moral y compromiso de quienes aportan las ideas.

- Nivel de cumplimiento de plazos.
- Con este indicador podremos ver si las acciones se cumplen o mejoran plazos, o, si por el contrario, se atrasan, con lo que habría que tomar acciones para corregir esta mala práctica.

6.9. KAIZEN

Kai: modificar, cambiar.
Zen: meditación, pensamiento positivo.

Esta última parte de la palabra se está traduciendo, en los libros y manuales para mejora continua, como «Hacerlo mejor», «Bueno» y acaba derivando en el concepto de «mejora continua». Se define: «Hoy mejor que ayer y mañana mejor que hoy».

El proceso Kaizen consiste en la sistematización de la mejora continua.

La mejora continua lograda sin las inversiones en nuevas tecnologías, sino como una mejora constante de las disponibles. Es, pues, la mejora sin las grandes inversiones.

Un cambio por compra de una máquina o una línea nueva más productiva no es kaizen ni mejora continua, es un cambio tecnológico. El kaizen es el cambio respecto a la utilización del pensamiento, el análisis y, ante todo, la creatividad para generar pequeños cambios; pequeños cambios pero siempre constantes.

Podemos distinguir dos grandes bloques de kaizen o mejora continua:

Kaizen planificado:

Parte de la planificación de un evento kaizen para mejorar un aspecto o un proceso concreto que modifica el resultado o los indicadores y se precisa y lo forman:
- Equipo multidisciplinar incluido el nivel de operador del proceso que durante el proceso están liberados de otras ocupaciones.
- Un conocimiento previo de los valores medidos y del estado del proceso.
- Un objetivo final.
- Formación y capacitación para el uso de herramientas Lean como son: SMED, TPM, 5S, 8D, 6M.
- Retorno corto de la inversión o gasto de uno a tres meses.
- Utiliza soporte PDCA.
- Cambios apreciables a corto plazo (cinco días).
- Cuando se constituye el grupo de trabajo, ha de formalizarse un líder.
- El equipo el primer día: ha de recoger del taller toda la información existente, realizar comprobaciones sobre el terreno, observar el proceso, preguntar en planta cualquier duda, analizar estándares, etc. Toda la información existentes y la que ellos generen.
- El segundo día hay que procesar la información y plantear las soluciones y propuestas.
- Desde este punto se seguirá la metodología PDCA u 8D.

Kaizen espontáneo:
- Da respuesta a los problemas o propuestas procedentes de todos los integrantes de la plantilla y son fáciles de ver y encontrar, así como de fácil y rápida resolución.
- Precisan de sentido común y creatividad.
- Son de soluciones inmediatas.
- No tienen planificación previa.
- Equipo reducido o muy ligero.

- Sin coste o muy económico.
- Exposición pública de resultados y su estandarización.
- También con base documental PDCA u 8D.

El proceso kaizen ha de contemplar las dos opciones, puesto que, si con la primera se da un impulso importante a un punto del proceso que representa un salto de mejora, es con el segundo donde se aprecia la potencia de la participación de todo el colectivo laboral y donde la suma de estas pequeñas mejoras dan sentido al concepto de mejora continua.

Algunas empresas tienen establecida una sistemática de grupos kaizen de, por ejemplo, un evento mensual por cada veinticinco operarios, que, siendo muy potente, definiría doce eventos anuales. Pero esto es una mejora continua parcial. Por el contrario, si también se estimula la aportación de ideas para pequeñas mejoras, este mismo colectivo de veinticinco operarios a una idea y mejora cada dos meses, darán un total de ciento cincuenta mejoras, que, a su vez, facilitarán los resultados de las planificadas.

Es, ante todo, un proceso participativo y de su implantación en la cultura empresarial se derivarán buenos resultados económicos, de la motivación, la seguridad, la calidad y el compromiso.

6.10. 8D

Metodología de resolución de problemas en ocho disciplinas o pasos

Inicialmente, fue parte de un desarrollo del ejército de EE UU para la solución de problemas de materiales, Military

Standard 1520, y que la compañía Ford Motor Company desarrolló y aplicó en sus plantas a partir de los años sesenta; con el tiempo se generalizó en la industria del automóvil y en los últimos años ha empezado a usarse en otros sectores.

Primero se aplicó para problemas de calidad, pero con el tiempo y al hilo del concepto de *calidad total* también pasó a utilizarse para la resolución de otros tipos de problemas, desde la mejora de un problema de proceso, a un problema de información o para prevenir y resolver accidentes.

Es una herramienta que, siendo muy sencilla y lógica, es altamente potente, puesto que, siguiendo el concepto PDCA de Deming, va más allá, incorporando fases de contención.

En los últimos años, Ford desarrolló el concepto *D8D*, incluyendo un paso D, que implica primero recoger los síntomas, causas y motivos para la creación del 8D antes del que, históricamente, se venía aplicando como primer paso: constituir el equipo, puesto que, con toda lógica, la formación y los componentes del equipo serán más adecuados si primero se conoce para qué tipo de problema creamos el equipo y esto forma parte del documento.

Esta modificación realizada por Ford se había realizado ya en otra forma en algunos manuales y en algunas empresas, que, sin modificar los ocho pasos, definen el D1 como *describir las causas* y el D2 como *análisis del problema*, quedando la formación del equipo como un paso intermedio entre D1 y D2 y colocando el equipo en la cabecera del documento. No obstante, esta ha sido una modificación de los últimos años que no afecta al núcleo del método que empieza a tener fuerza en el D2.

El siguiente flujograma servirá para comprender mejora los pasos:

Estos pasos se plasman en un documento, donde se van reflejando los elementos importantes definidos en cada paso, así como las decisiones tomadas, los responsables de las tareas asignadas y la fecha de cumplimiento previsto y real. Adjunto a este documento resumen o cabecera, se incorporará la documentación recogida para el análisis, los documentos de trabajo *Brainstorming*, Cinco porqués, Diagrama Ishikawa, etc., todo tipo de información que permita en caso de no tener éxito poder retomar y analizar el historial.

El paso o disciplina D0, como ya he referido anteriormente, corresponde a la descripción de la motivación para realizar un proceso 8D. El origen o causa puede ser de cualquier índole que queramos resolver, mejorar o paliar, sean de aspectos productivos, administrativos, de seguridad, medio ambiente, etc.

El paso D1 consiste en crear un equipo multidisciplinar, transversal, que, atendiendo al tipo de asunto descrito en el apartado D0, pueda lograr un resultado exitoso según su experiencia y capacitación.

El paso D2 entra de lleno en el proceso y es en este punto donde, utilizando herramientas del tipo «Cinco porqués», diagramas de flujo, proceso, análisis comparativo, historial, etc. se determina y define el problema, la gravedad, la recurrencia, el proceso, máquina, cliente, tipo de defecto y dos aspectos muy importantes: el objetivo a lograr y un plazo.

El paso D3 corresponde a la toma de acciones de contención y a su aplicación. Estas medidas están orientadas a parar las consecuencias del problema, defecto, etc. para que no las reciba nuestro cliente externo o interno.

Generalmente, consistirán en medidas de comprobación específicas del defecto señalando o marcando la zona, como que se ha verificado o, en el caso de un accidente, acotando la zona o aumentando los protocolos de seguridad. Esta contramedida siempre implica un sobrecoste y habrá de mantenerse hasta la aplicación del D7 al que ya llegaremos.

El paso D4 es el crucial de todo el proceso y es en este donde radica en gran medida el éxito del proceso completo.

Una vez tomadas las medidas de contención y desde el sosiego (que no desde la inoperancia), a pesar del sobrecoste (por tanto, sosiego y celeridad), hemos ante todo de encontrar la o las causas raíz, empleando para ello toda la información recogida, los ensayos, los estudios, las estadísticas, etc. y aplicando todas las herramientas de análisis disponibles y que mejor se adapten: *Brainstorming*, Cinco porqués, Diagrama Causa-Efecto, Historia en AMFE, etc.

Solo con una identificación correcta y completa de las causas raíz, podemos pasar al siguiente paso dentro de esta disciplina, que consiste en identificar las acciones correctoras definitivas.

También en este punto se ha de identificar por qué falla la detección y si estaba prevista la detección.

Las acciones correctivas hay que plantearlas robustas, fiables, sencillas, etc. Para ello es el momento de pensar en el uso de *poka-yokes*. También definiremos cómo y con qué; verificaremos la bondad de las acciones tomadas y el periodo o plazo de validación.

La disciplina D5 consiste en el seguimiento y la verificación de las acciones correctoras y si estas cumplen con las expectativas previstas. De no ser así, es preciso retornar al punto D4.

En el paso D6, se implantarán las medidas correctoras definitivas después del testeo realizado en el punto anterior. En algunos casos, para poder realizar la verificación del apartado D5, se tendrán que haber implantado de modo provisional las medidas correctoras parcial o totalmente. En este caso, el punto D6 aplicaría como implantación definitiva y completa. En este periodo se sigue verificando que las acciones tomadas son eficaces y robustas para fijarlas como estándares.

En el paso D7, se cierran las medidas de contención de D3 y se procede a estandarizar las medidas para evitar la recurrencia; se extiende la medida a todos los otros procesos o casos en que este problema pueda aparecer. Aun cuando no haya mostrado indicios de que así sea, se incluirán los resultados en un AMFE para que sea un punto a tener en cuenta en los futuros desarrollos y en los que estén en curso.

El punto D8 es tan importante como los anteriores y es el reconocimiento al equipo por el trabajo bien hecho y el resultado obtenido. Este es el punto más olvidado y, por el contrario, si se aplica, genera entusiasmo y buen ambiente para la resolución de futuros problemas.

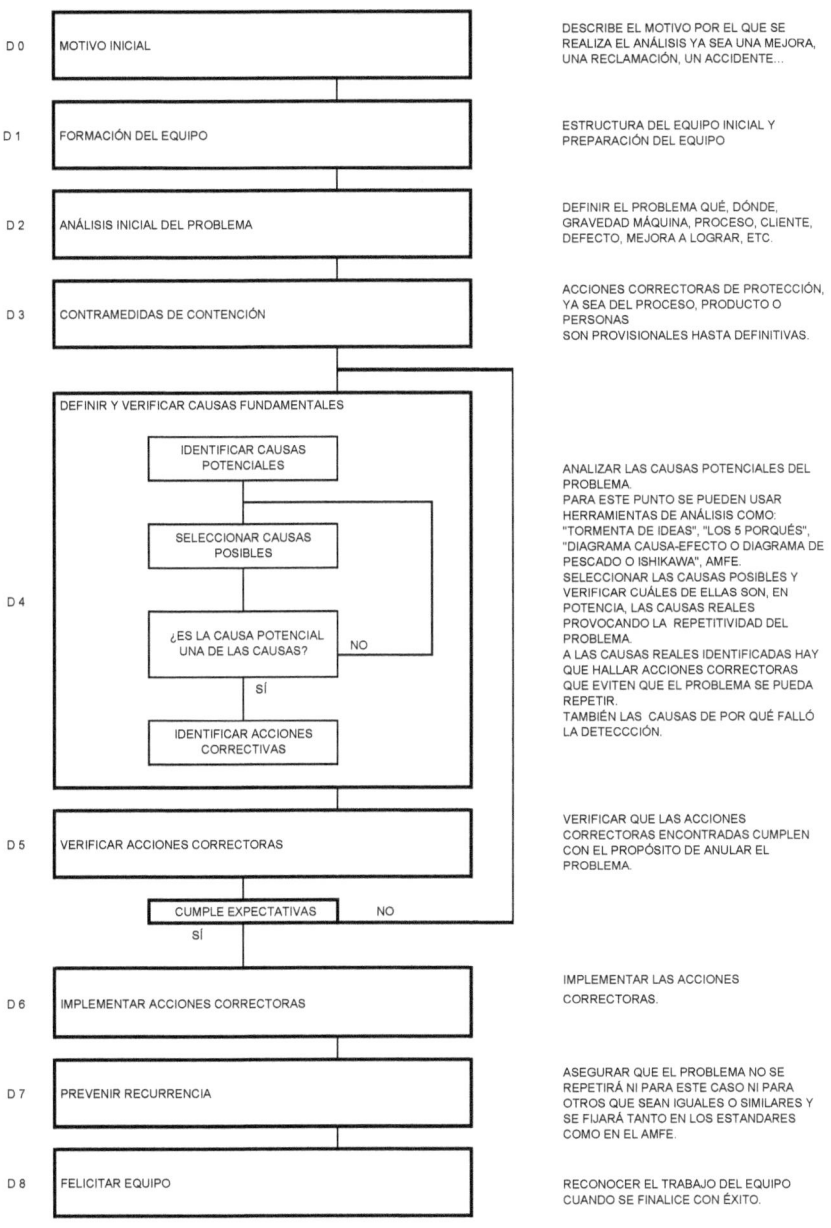

DOCUMENTO 8 D

DÍA
PRODUCTO O LÍNEA DE PRODUCTO
PUESTO DE TRABAJO / ÁREA

LÍDER
EQUIPO
FECHA OBJETIVO
FECHA FINALIZACIÓN

D 1 MOTIVO INICIAL DESCRIBIR	D 2 ANÁLISIS DEL PROBLEMA
D 3 CONTRAMEDIDAS DE CONTENCIÓN	D 4 DEFINIR CAUSAS FUNDAMENTALES
D 5 VERIFICAR ACCIONES CORRECTORAS	
	D 6 IMPLEMENTAR ACCIONES CORRECTORAS DEFINITIVAS DESCRIBIR
D 7 PREVENIR RECURRENCIA ESTANDARIZACIÓN DESCRIBIR LAS ACCIONES	
	D 8 RECONOCIMIENTO DEL EQUIPO

6.11. 6M - ISHIKAWA

Método gráfico denominado de causa efecto desarrollado por el doctor Ishikawa, de quien toma el nombre, por la forma del diagrama también es conocido comúnmente por *espina de pescado*.

Mi definición es que consiste en una herramienta que ayuda a la orientación y ordenación de las ideas para la resolución o mejora de un efecto no deseado desde las causas que lo originan. Para la utilización de esta herramienta contaremos con el apoyo de otras dos: *Brainstorming* y 5W (o cinco porqués).

En la graficación se han ido dando etapas donde se partía de cuatro factores potenciales. En la actualidad, ya se trabajan con hasta seis, pero ni el número ni los factores en sí son importantes, puesto que estos pueden variar, tanto en número como en conceptos, en función del problema o efecto que se quiera analizar.

Como todas las herramientas, tienen unos pasos a seguir y son:
A. Formación de un equipo.
B. Diagrama en blanco.

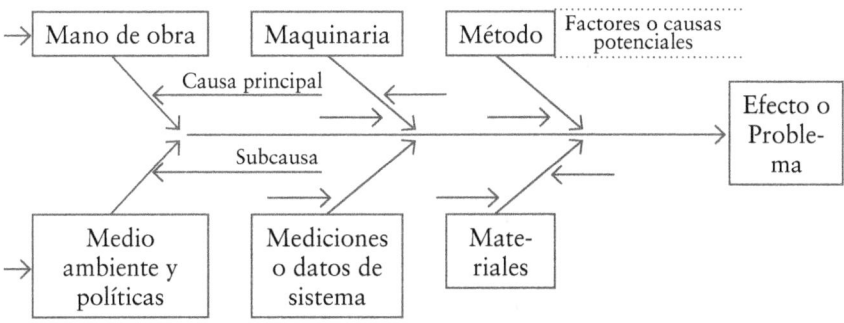

En la cabecera han de constar fechas de inicio y final, equipo, proceso, fase y descripción amplia del problema o efecto.

C. Descripción breve del problema, anotándolo en el cuadro de la derecha.
D. Descripción de las categorías que afectan al problema (en este diagrama se han anotado las usuales y más comunes que corresponden a las 6M por la inicial de cada uno de ellos, tanto en inglés como en castellano, pero pueden ser otras y en otra cantidad).
E. Realizar un *brainstorming* de las causas posibles para cada uno de los factores potenciales que hayamos definido y reflejar en el diagrama si son principales de aquel factor o subcausas de los principales o subcausas de otra subcausa.
F. F) Preguntar a cada causa o subcausa, siguiendo la metodología 5W o cinco porqués (probablemente no hay que agotar las cinco preguntas para cada caso).
G. Verificar y descartar sobre el terreno las causas y subcausas que por su correcta operativa o funcionalidad no son causa raíz de problema. ¡Atención! Este es un paso importante, puesto que, tras un *brainstorming*, el caudal de posibles causas puede ser muy alto, pero esto no significa que todas las causas potenciales lo sean o que no están lo suficientemente resueltas. Por tanto, al realizar actuaciones en las causas que no son raíz o están o son robustas, sus soluciones serían costosas e innecesarias. ¡Ojo! Con un descarte sin la comprobación necesaria, podríamos estar descartando una causa raíz que no está resuelta y podría dar al traste con todo el trabajo. Sí al descarte, pero solo de aquellas causas que se hayan verificado, comprobado, seguido y confirmado su inocuidad.
H. Enfocar facilidad e impacto, dotando a cada causa y subcausa de un valor respecto a una tabla, por ejemplo, y si a cada rama de nuestra matriz le dotamos de un valor, podremos jerarquizar las acciones priorizando las del número uno, puesto que, con poca dificultad, aportarán mayor

y más rápidos resultados y, así, en orden hasta la de prioridad. La tabla por supuesto es tan solo una orientación.

IMPACTO

	ALTO	BAJO
FÁCIL	1	2
DIFÍCIL	3	4

DIFICULTAD

Por tanto, la herramienta, como se ve:
1. Enfoca un problema o un objetivo. Con ello impide la primera dispersión de cualquier análisis.
2. Define las causas potenciales y es para cada una de ellas, por separado, para las que realiza el *brainstorming*. Esto impide que este último se convierta en un continuo pasar de una causa a otra y a la dispersión.
3. Posiciona las ideas de las causas en orden de principales y subcausas.
4. Al cuestionar cada causa, se profundiza en ellas.

Es por ello que ordena las ideas resultantes de un proceso de *brainstorming*, facilitando y priorizando la solución del mismo.

Voy a poner un ejemplo sencillo de comprender. Este tipo de diagrama, además de espina de pescado, también se le conoce por árbol o río, y es sobre un río donde pondré el ejemplo:

En la desembocadura de un río se ha detectado una contaminación que está afectando a la calidad del agua y a la flora de sus riberas. Lo primero sería hacer un plano del río con sus afluentes principales (causas potenciales) y de los afluentes de estos (subcausas). Determinaríamos el tipo de toxina y rastrearíamos los afluentes, analizando las aguas para detectar de cuál o cuáles procede hasta encontrar el origen del problema. Podría suceder que la causa no sea de un afluente, sino de la suma de productos que por separado no constituyen un peligro, pero que la suma de productos de diferente origen o afluentes, cuando se juntan, producen una reacción que da origen a la toxina.

6.12. *BRAINSTORMING*

Tormenta de ideas

Desarrollado por A. F. Osborn, al inicio de los años cuarenta, como un proceso interactivo de grupos para la obtención de más y mejores ideas en contraposición al trabajo individual.

Se aprovecha de la capacidad intelectual de un equipo al generar una lista de ideas originales sobre un problema, reto o área de oportunidades en un ambiente relajado.

Involucra a los que son partes del proceso (cualquier tipo de proceso, ya sea industrial, comercial, administrativo, de servicios, político, etc.) para identificar problemas o áreas de oportunidad para la mejora de estos con la aportación de ideas que posteriormente se traduzcan en acciones o proyectos de mejora.

Se trata de liberar la creatividad para generar muchas ideas sobre un tema específico.

Esta es una herramienta que ha de servir de apoyo al uso de otras herramientas como 6M, 8D u otros análisis de mejora.

Proceso:

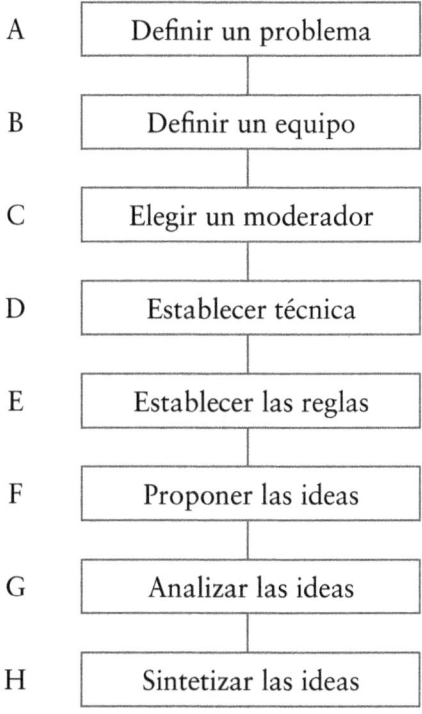

A. Definir un problema o una mejora, una oportunidad, reto, etc. La definición ha de ser clara, concreta, pero no ha de predefinir ni condicionar el flujo de ideas.

Puede ser un problema, puede ser una de las ramas, factor o causa principal de un 6M, puede tratarse de encontrar el modo de plasmar en solución o contramedida, el resultado de un análisis en que se ha hallado la causa raíz y no sabemos cómo evitarla o resolverla. Por tanto, puede estar al principio de un proceso de mejora, al final o en ambos niveles.

B. Definir un equipo. Este ha de estar compuesto por el mayor número de individuos posible, relacionados y conocedores del proceso, interdisciplinares, creativos, etc. De la mayor cantidad, capacidad y creatividad del equipo saldrán más ideas y, por tanto, más oportunidades. Lo que buscamos son muchas ideas y de la cantidad saldrán la calidad y las innovaciones.
C. Elegir un moderador. El moderador no es el líder, es el moderador y ha de ceñirse a unas reglas de moderador. También será el encargado de anotar las ideas:
   - Respetar y hacer respetar las reglas.
   - Animar al colectivo.
   - Frenar y controlar a los elementos dominantes de la reunión para que no condicionen al resto.
   - Estimular el flujo de ideas.
   - Evitar desviaciones del tema principal.
   - Ser neutral.
   - Control del tiempo establecido.
D. Establecer una técnica. Podemos establecer cinco tipos básicos de técnicas para el proceso y son:
   D_1 — No estructurada — flujo libre.
   D_2 — Estructurada — guiada.
   D_3 — Silenciosa — escrita.
   D_4 — Una o más sesiones.
   D_5 — Mixta.
   D_1 La no estructurada es aquella que se realiza sin fijar un orden, se lanzan las ideas de viva voz y, en general, no ha habido una planificación previa.
   D_2 Como la D_1, pero se establece un orden en círculo en que cada participante da una idea por turno (si no se tiene una idea, pasa el turno).
   D_3 Silenciosa. Como la D_2, pero en que cada participante anota en una hoja sus ideas y esta pasa al siguien-

te. A su vez, recibe la de su antecesor en el círculo, a la que, según las ideas de este y anteriores, añade ideas que no haya incluido antes. La fórmula D_2 y D_3 ayuda a controlar las presiones de los dominantes.

D_4 De una o más sesiones. Esto tiene el valor de que, una vez surgido el primer baño de ideas, estas a su vez estimulen otras en el cerebro de los participantes y que estas, en una posterior sesión, puedan ser expuestas. Nuestra creatividad no sucede en un tiempo limitado y, por el contrario, cuando a nuestro subconsciente se le ha planteado un problema, este sigue trabajando y no es extraño que durante la ducha o el desayuno nos aparezcan ideas y soluciones que nuestro cerebro, a través del subconsciente, ha elaborado durante la noche.

D_5 Mixta. Esta fórmula permite aplicar las anteriores de un modo racional y que puede aportar muchas y buenas ideas.

En mi caso, yo me inclino por un modelo mixto que incluye una primera reunión de constitución de equipo, planteamiento del problema y objetivos, y definir una reunión posterior (cuatro o cinco días), donde los participantes traigan anotadas todas las ideas que se han podido definir en este tiempo (D_2 en el tiempo).

El paso siguiente es abrir estas ideas, ponerlas en común y, ya sea por cualquiera de los sistemas (D_1, D_2, D_3) en la reunión, ampliar la cantidad de ideas. Puede, en algún caso, precisarse de una tercera reunión pero para mí es desaconsejable, puesto que ya pierde el frescor y el proceso se dilata en el tiempo en exceso. Para el proceso mixto, en mi opinión, para la segunda reunión prefiero la sistemática D_3 o en su defecto la D_2.

E. Establecer las reglas. Si ya hemos establecido el cómo, es preciso establecer los cauces y estos han de contemplar como básicas estas reglas:
- No criticar las ideas ni a las personas.
- Ha de asegurarse la libre expresión de las ideas en el tema que nos ocupa.
- Hacer lista de ideas pública y visible.
- Encontrar la mayor cantidad de ideas posible.
- Construir para compartir ideas con los demás.
- Todas las ideas se aceptan sin discusión.
- Las ideas se aclaran hasta que se entiendan.
- Se establece un tiempo máximo de duración.
- Ambiente libre.
- Desconexión de teléfonos u otros elementos de distracción.
- Respeto por todas las ideas y participantes (las mejores innovaciones han surgido de ideas aparentemente disparatadas aportadas por los menos expertos o abducidos por el paradigma establecido).
- La sesión concluye con la agrupación y evaluación de las ideas.

F. Proponer ideas. Una vez fijado el marco de trabajo, queda lo más estimulante: aportar y recibir ideas, y, como la lluvia, empaparse bien de ellas, teniendo nuestros poros bien abiertos a esta lluvia que nos hará mejores.
   Es, pues, condición imprescindible una actitud abierta y creativa.

G. Analizar las ideas. En primer lugar, hay que agrupar las ideas por sus afinidades y las sinergias potenciales entre ellas y analizar estas en profundidad para visualizar caminos de mejora. ¡Ojo! Es un momento clave si se descartan las ideas por descabelladas, raras y otros etcéteras, sin un buen análisis de factibilidad, causa-efecto y poten-

cial innovación. Podemos estar tirando oro a la papelera y perder una gran oportunidad. Realiza un análisis con rigor, criterio abierto de mente y creativo.
H. Sintetizar las ideas. De un conglomerado de ideas más o menos concretas hay que darles forma para que puedan desarrollarse en acciones concretas.

Es un proceso estimulante y que ayudará a aportar avances, tanto en mejora continua como en innovación o cualquier otro campo. Como siempre, precisará de rigor y seriedad.

6.13. 5W O CINCO PORQUÉS

Desarrollado por Sakichi Toyoda, consiste en repetir cinco veces la pregunta *¿Por qué?*, ya que, al repetir esta pregunta, la naturaleza del problema y su solución se vuelve clara.

No es una herramienta compleja, es la más sencilla e intuitiva, y todos la hemos utilizado en nuestra infancia para someter a nuestro entorno a un tormento constante de preguntas con cuyas respuestas aprendemos los conocimientos básicos: a los que lo aplican después a lo largo de su vida se les conoce por inquietos, inconformistas, creativos y también por pesados; pero no lo duden, estos apelativos, como consecuencia de estas preguntas, dan individuos sobresalientes y muy capaces (cuando lo soportas como padre o el entorno de un niño, es un reto, tanto para la paciencia como la capacidad de respuesta y a nuestra capacidad de síntesis).

En esencia, la herramienta ya se ha descrito y consiste en preguntar a cada problema el porqué hasta llegar a la causa raíz:

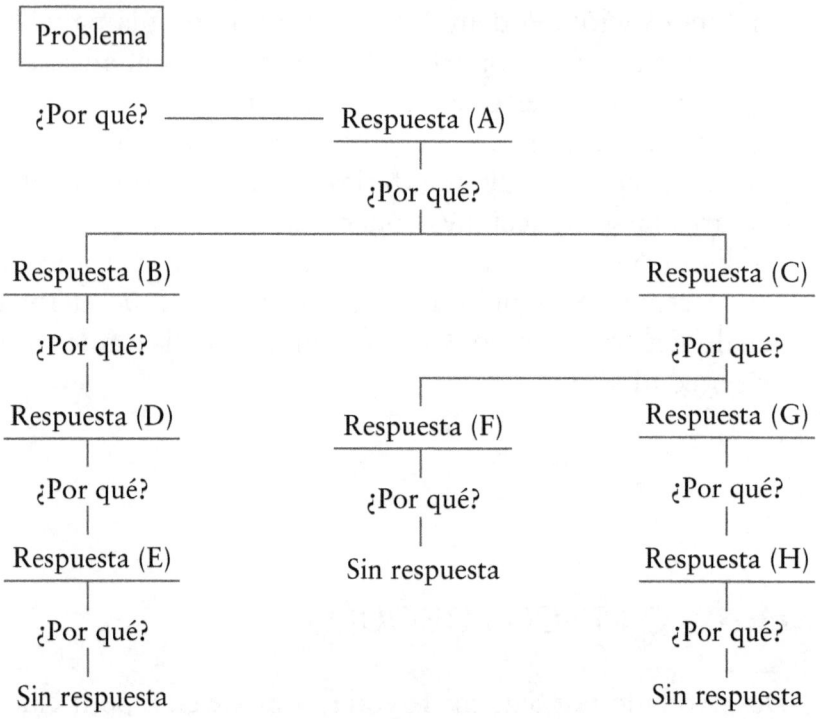

En esta representación se observa que un *¿Por qué?* puede tener más de una respuesta. Por tanto, hay que abrir para cada una de ellas una línea de preguntas hasta llegar a un punto o a una disección del problema tal que nos hallemos o veamos con más claridad o acercamiento la causa raíz.

En este caso, estarían en el entorno de las respuestas (E), (F) y (H).

En muchos lugares se plantea, como un hecho lineal de una pregunta, una respuesta; pero, en mi opinión, si se hace así, se desprecian líneas de análisis completas.

Cuando este árbol se ha llevado hasta un alto nivel de preguntas, se han detectado contradicciones entre otras respuestas en otra línea, lo cual permite conocer aspectos a contrastar y que pueden invalidar una o más líneas. Pero, a su vez, permite mejorar el conocimiento de aspectos contradictorios en nuestro conocimiento, proceso, etc.

Aunque la herramienta se llama de 5W o cinco porqués, es solo una forma de denominarla y una propuesta de mínimos, pero pueden ser más.

La pregunta es *por qué*. No aplicar nunca en un análisis el *quién* o el *por quién*; estas preguntas nunca conducen a la solución de los problemas y solo persiguen encontrar culpables a los que asociar a un problema, pero, repito, no a la solución de este.

6.14. POKA-YOKE

A prueba de errores

Es una técnica o concepto de calidad desarrollada en los años sesenta en Japón por Shigeo Shingo para prevenir, evitar y detectar errores, impidiendo que estos se produzcan y que continúen el proceso, tanto para que no lleguen al cliente como para dejar de incorporar coste (no valor) a un producto defectuoso.

- Elimina defectos.
- Reduce o elimina re trabajos.
- Reduce costes.
- Asegura la calidad.
- Aumenta flexibilidad del proceso.
- Disminuye o elimina inspecciones.
- Hace robusto el proceso.

Por tanto los *poka-yokes* (en adelante lo identificaré como *p-y* para simplificar) tienen dos objetivos:
- Evitar defectos.
- Detectar defectos (si estos ya han ocurrido).

Los *p-y* en cualquier caso han de proporcionarnos uno de estos estados:

A. Inmontabilidad por no correspondencia o falta de algo. Son generalmente de características mecánicas e impiden que un componente o no se pueda montar porque no es el adecuado y no cabe, no pasa o cualquier otra circunstancia física que lo impide.

B. Alarma. Cuando el proceso no cumple con un determinado requisito, ejecuta una alarma y genera un boqueo para que el proceso no continúe. Estos acostumbran a ser por formas pero también por detectores, ya sean ópticos, mecánicos, etc.

C. Parada. Cuando el proceso detecta un mal funcionamiento se para. Generalmente, este se asocia a los otros para así asegurar que el proceso no puede continuar sin la intervención del empleado, supervisor, etc. que corrija el problema y segregue el producto.

En cualquiera de las circunstancias se trata de evitar que el producto continúe.

Existen tantos tipos de *p-y* como soluciones o inventiva para corregir, solucionar y evitar problemas, pero se puede agrupar por:
- Contacto físico: consiste en formas o posiciones que obligan a colocar el componente de un modo concreto y, si no es el adecuado, impida su montabilidad. Estos son los más fiables si se pueden aplicar, puesto que a su vez son los más económicos.
- De detección: ya sea por fibra óptica, por impulsos o a través de señales eléctricas. Precisan de un mante-

nimiento fiable y de un chequeo periódico de su buen funcionamiento.
- Secuenciados: si el montaje precisa de la incorporación de múltiples elementos. Estos han de tomarse siguiendo una secuencia y, para que ello no varíe, hay dos opciones: sistemas que den acceso a los componentes uno cada vez y, si no se ha cogido el primero, no se abre el acceso para tomar el segundo (u otra versión que, sin cerrar las ubicaciones si detecta cada vez que se accede a una y su orden, da una alarma cuando no se ha seguido la secuencia).
- Colores: los componentes tienen distintos colores que implican un orden o una posición concreta.

Los *p-y* pueden estar en dos puntos distintos y a la vez:

En el proceso: cualquiera de los aspectos detallados anteriormente aplicados en los puestos de trabajo, máquinas, etc.

En el producto o componente en que su diseño está pensado para prevenir errores (encajes, anclajes, posicionamientos, etc.).

En ambos al mismo tiempo: consiste en pequeñas modificaciones realizadas en el diseño del producto o componente que permiten la incorporación de un *p-y* o más en el proceso o en máquinas.

En definitiva, el *p-y* está concebido para evitar errores y será un elemento a incorporar tanto en el diseño de materiales y productos, como en los procesos.

En ambos casos, ya sea a partir de la experiencia recogida en los AMFE de producto y proceso, o, como consecuencia de nuestros análisis de mejora continua, mejora de la calidad o resolución de problemas y de las propuestas de mejora.

Errores hay de todo tipo y describirlos sería muy extenso y siempre incompleto o insuficiente. Pueden ser de:

- diseño
- proceso
- atención
- materiales
- método
- del sistema
- propios
- ajenos
- de todo tipo

Los *p-y* no son exclusivos para el área de producción, pueden estar en cualquier ámbito de la empresa (forma de un documento, color, etc.).

Partiendo del concepto cliente, al que ya me he referido, hay un principio básico: «**Como cliente, no acepte un error o un defecto de su proveedor y no pase a su cliente ningún defecto**».

Como ya hemos dicho, a la aplicación de uno o varios *p-y* se llega por varios caminos, pero una vez se acepta su necesidad, asegúrese de que cumple su función, que el diseño sea robusto, que repite y es capaz, que se integra a los chequeos de producción que se incorpora a los planes de mantenimiento y ante todo que sea.

ROBUSTO Y SENCILLO

Antes de acabar, mire a su alrededor. Su vida está repleta de *poka-yokes*, desde la clavija de un enchufe al conector con forma del cargador de su teléfono móvil, los programas que le impiden borrar un archivo si no confirma su necesidad, la alarma de los cinturones de seguridad en el coche y un largo etcétera que descubrirá en su entorno y que están creados para su seguridad o para que no pueda cometer errores con estos aparatos o dispositivos.

6.15. ANÁLISIS MODAL DE FALLOS Y EFECTOS (AMFE)

Sobre esta herramienta, su importancia del potencial que tiene, tanto para la mejora continua como para el desarrollo de nuevos proyectos y como depositaria del conocimiento y experiencia de la empresa no añadiré aquí nada, porque ya le he dedicado el apartado 3.17 y todo sería redundante.

Así pues, me limitaré aquí a enumerar sus variables, acompañar un formato y un proceso de ejecución.

Existen dos tipos de AMFE que son:
- de diseño
- de proceso

El primero está destinado a procesos de diseño de producto, de sus funcionalidades, de los requerimientos del cliente y de su adaptabilidad al uso y expectativas de utilización, como de las necesidades para ser realizado y procesado.

Pongo este último aspecto porque el diseño ha de tener en cuenta tanto que es realizable con los métodos previstos como que ha de facilitar la robustez de esta ejecución, por ejemplo, *poka-yokes*.

El diseño condiciona el proceso y el proceso condiciona el diseño en muchas ocasiones.

El AMFE de proceso cumple con los mismos condicionantes que el de diseño, pero orientado a la factibilidad y robustez para el aseguramiento final de la calidad.

En ambos, cuando se definen unos controles, verificaciones, *poka-yokes*, etc. estos aspectos han de reflejarse en los planes de control del diseño y sobre todo en los del proceso o vida serie.

Desde el punto de vista del documento soporte, este no varía excepto en que en el encabezamiento ha de indicarse claramente con la palabra «diseño» o «proceso», y que en la primera columna, en el caso del AMFE de diseño, se indicará el nombre, componente, objeto de análisis y su referencia, así como también la función que realiza la pieza o componente, ya sea como pieza final o como parte del conjunto final.

Para el de proceso, en esta columna se indicará el proceso y el propósito del proceso. A partir de este punto, todas las columnas y campos son comunes.

En la cabecera se indicará en los campos que corresponda y si son de aplicación:
- referencia
- subsistema
- responsable
- proveedor
- fecha objetivo lanzamiento
- números de planos
- fecha
- página
- ejecutor, etc.

Y todo aquello que en nuestra empresa nos permita identificar y asociar el AMFE, ya sea a un diseño concreto o a un proceso concreto o si es un AMFE genérico de diseño o de proceso.

Antes de continuar con el proceso de cumplimentación, creo conveniente desarrollar las características de cada modelo de AMFE y lo esperado de él.

AMFE de diseño

Un AMFE potencial de diseño es una técnica analítica utilizada por los ingenieros de producto como medio para asegurar que, en lo posible, se han tenido en cuenta y han sido tratados los modos de fallo potencial y sus causas correspondientes.

Deberán evaluarse los elementos finales junto con cada uno de los subconjuntos correspondientes y piezas individuales.

En la forma más rigurosa, un AMFE es un resumen de las ideas de ingeniería de diseño expuestas a juicio funcional teórico (incluyendo un análisis de los elementos que pudieran funcional mal, basándose en la experiencia y en problemas anteriores).

Este enfoque sistemático discurre en paralelo y formaliza la disciplina mental por la que normalmente atraviesa un ingeniero en cualquier proceso de diseño.

El AMFE potencial de diseño contribuye a su proceso, reduciendo el riesgo de fallos a través de los medios siguientes:

- Contribuyendo a la evaluación objetiva de los requisitos de diseño y de las alternativas de diseño.
- Incrementando la seguridad de que se hayan tenido en cuenta, durante el proceso de diseño/desarrollo, los modos de fallo potencial y sus efectos sobre la operación del sistema.
- Proporcionando información adicional como ayuda en la preparación de programas completos y eficaces de prueba de diseño y de desarrollo.
- Creando un listado de modos de fallo potencial clasificados conforme al efecto que produzcan en el cliente, estableciendo de este modo un sistema prioritario para mejoras del diseño y pruebas de desarrollo.
- Proporcionando un formato de discusión abierta para la recomendación y el seguimiento de medidas que reduzcan riesgos.
- Proporcionando referencia futura para ayudar a analizar problemas en el campo, a evaluar cambios de diseño y desarrollar diseños avanzados.

B) Definición de *cliente*

La definición de *cliente* para un AMFE de diseño se debería interpretar normalmente como el «usuario final», pero por extensión es válido lo definido en el apartado 3.1, «El cliente».

Cuando se pone por completo en práctica, esta disciplina requiere un AMFE de diseño para todas las piezas nuevas, piezas cambiadas y piezas de continuidad en nuevas aplicaciones. Su iniciación corre a cargo de un ingeniero de la actividad responsable de diseño.

El AMFE de diseño se ocupa a propósito del diseño y supone que el diseño será fabricado/montado conforme a este propósito. Los modos/causas de fallo potencial que pueden surgir durante el proceso de fabricación o montaje no deben incluirse en un AMFE de diseño, ya que de su identificación, efecto y control se ocupa el AMFE de procesos.

Sin embargo, los posibles problemas de fabricación/montaje conocidos por el ingeniero de diseño deberán trasladarse a la fuente de fabricación/montaje, aplicando medios tales como reuniones de equipo.

El AMFE de diseño no depende de controles de procesos para superar posibles debilidades en el diseño, pero tiene en cuenta los límites técnicos/físicos de un proceso de fabricación/montaje, por ejemplo:

- Planos de moldes necesarios.
- Acabado superficial limitado.
- Espacio de montaje/acceso para utillaje.
- Templabilidad limitada de aceros.
- Capacidad de proceso.

El ingeniero de diseño tiene a su disposición cierto número de documentos que le resultarán útiles para preparar el AMFE potencial de diseño.

El proceso se inicia creando un listado de lo que se espera que haga el diseño y de lo que se espera que no haga; es decir, el propósito del diseño.

Deberán incorporarse las necesidades y requisitos del cliente según puedan definirse, partiendo de fuentes tales como el despliegue de la función de calidad (QFD - *Quality Function Deployment*), requisitos conocidos del producto y/o necesidades en fabricación.

Cuanto mejor se definan las características que se requieren, más fácil resultará identificar las modalidades de fallo potencial para las que se precisen medidas de corrección.

C) AMFE de proceso

El AMFE potencial de proceso es una técnica analítica utilizada por los ingenieros de proceso como medio para asegurar que, en lo posible, se han tenido en cuenta y han sido tratados los problemas potenciales. En su forma más rigurosa, un AMFE es un resumen de las ideas del ingeniero (incluyendo un análisis de los elementos que pudieron funcionar mal, basándose en la experiencia y en problemas anteriores) a medida que se desarrolla un proceso. Este enfoque sistemático discurre en paralelo y formaliza la disciplina mental por la que normalmente atraviesa un ingeniero en cualquier proceso de planificación de la fabricación.

El AMFE potencial de proceso identifica modos de fallo potencial de procesos relacionados con el producto, evalúa los efectos potenciales de los fallos para el cliente, identifica las causas potenciales de procesos de fabricación o de montaje e identifica importantes variables del proceso para concretar controles con el fin de reducir la ocurrencia o detectar las condiciones de fallo. Desarrolla una relación de modos de fallo potencial clasificados conforme a su efecto sobre el *cliente*, estableciendo así un sistema de prioridad para consideraciones de acción correctora. Además, el AMFE documenta los resultados del proceso de fabricación o de montaje.

D) Esfuerzo de equipo

Cuando se pone totalmente en práctica, la disciplina AMFE requiere un AMFE de procesos para todas las piezas nuevas/procesos, piezas cambiadas/procesos y piezas de continuidad/procesos en nuevas aplicaciones. Su iniciación corre a cargo de un ingeniero del departamento de ingeniería de procesos, de quien se espera que busque información procedente de otras actividades entre las que pueden incluirse las de diseño, calidad y servicio. El AMFE deberá ser un catalizador que estimule el intercambio de ideas entre las funciones afectadas y fomente de este modo un enfoque de equipo.

El AMFE de procesos es un documento vivo y deberá iniciarse en o por la fase de factibilidad, previa al utillaje para producción y tener en cuenta todas las operaciones de fabricación, desde componentes individuales hasta conjuntos. Se fomenta la temprana revisión o análisis de procesos nuevos o revisados para anticipar, resolver o vigilar posibles problemas sobre procesos durante las fases de planificación de la fabricación relativas a un programa de nuevos modelos o componentes.

El AMFE de proceso supone que el producto, tal como se ha diseñado, cumplirá el propósito de diseño. Los fallos potenciales que puedan surgir como consecuencia de una debilidad del diseño no se incluyen en un AMFE de procesos. Su efecto y evitación quedan abarcados en el AMFE de diseño.

El AMFE de procesos no depende de cambios de los productos para superar debilidades en el proceso, pero tiene en cuenta las características de diseño del producto correspondientes a la fabricación planificada o al proceso de montaje para asegurar, en lo posible, que el producto satisface las necesidades y expectativas del cliente.

La disciplina AMFE ayudará también a desarrollar nuevas máquinas o equipos. La metodología es la misma, aunque se considere que el producto es la máquina o equipo que se está diseñando. Cuando se identifican modos de fallo potencial, puede iniciarse la acción correctora que las elimine o reduzca constantemente su ocurrencia potencial.

El AMFE de proceso deberá iniciarse con un diagrama de flujos de proceso. Este diagrama de flujos deberá identificar las características del producto que se producirá en cada operación. Del ingeniero responsable del diseño o del correspondiente AMFE de diseño si se halla disponible, pueda obtenerse la identificación de algunos efectos y la asignación de algunos rangos de gravedad.

El formulario número 1835ª, que se muestra en el Anexo del AMFE de proceso, fue desarrollado para su utilización en la Ford Motor Company, con el fin de facilitar documentación acerca del análisis de fallos potenciales y sus consecuencias.

Se describe a continuación la aplicación del formulario; los puntos se han numerado conforme a los números rodeados por un círculo en el formulario (tal como se presentan en el Anexo).

Una vez definida la primera columna enumeraré las diferentes columnas del documento y luego los conceptos y valores, tanto para el AMFE de diseño como para el de proceso:

A. Modo de fallo potencial.
B. Efecto(s) potencial(es) del fallo.
C. Gravedad.
D. Causa potencial del fallo.
E. Gravedad del efecto.
F. Controles actuales.
G. Detección.

H. Número valor potencial riesgo (NPR).
I. Acciones recomendadas.
J. Sector, responsable y fecha de aplicación de acciones.
K. Acciones adoptadas.
L. Número valor potencial riesgo resultante (NPR).

A) AMFE de diseño
Modo de fallo potencial

El modo de fallo potencial se define como la forma en la que una pieza o conjunto pudiera fallar en potencia a la hora de satisfacer el propósito de diseño, los requisitos de rendimiento o las expectativas del cliente.

El modo de fallo potencial también puede ser la causa de fallo en un conjunto de nivel superior o ser el efecto de un modo de fallo en una pieza de nivel inferior.

Un punto de comienzo recomendado se basa en la revisión de previos AMFE en informes de pruebas, calidad, garantía, problemas de durabilidad y fiabilidad, cosas que funcionaron bien, informes de problemas y discusiones de grupos sobre componentes similares.

Se someterán a consideración los modos de fallo potencial que ocurrirían únicamente bajo ciertas condiciones de trabajo (es decir, calor, frío, humedad, sequedad, polvo, etc.) y bajo ciertas condiciones de utilización (por ejemplo, kilometraje superior a la media, terreno difícil, conducción en ciudad únicamente, etc.).

Como modos típicos de fallo podrían citarse los siguientes:

Agrietado	Agarrotado	Deformado	Cortocircuitado (eléctrico)
Desgastado	Oxidado	Corroído	Fracturado
En circuito abierto (eléctrico)	Aflojado	Vibración	
Con fugas			

Nota: los modos de fallo potencial deberán describirse en términos físicos o técnicos, en vez de hacerlo como síntoma detectable por el cliente.

B) Efecto(s) potencial(es) del fallo

Los efectos potenciales del fallo se describen como los efectos del modo de fallo para el cliente.

Describir los efectos del fallo en cuanto a lo que el cliente pudiere observar o experimentar. Estos deberán indicarse siempre en términos de rendimiento del producto o del sistema.

Entre los efectos típicos de fallo podrían citarse los siguientes:

Ruido	Acabado basto
Funcionamiento no uniforme	Requiere esfuerzo excesivo
Inoperante	Olor desagradable
Inestable	Funcionamiento anormal
Funcionamiento intermitente	Corriente de aire
Control anormal del producto	Aspecto deficiente

Si el efecto del fallo pudiese afectar potencialmente operaciones de seguridad o el posible incumplimiento de las normas gubernamentales, deberá indicarse así, por ejemplo, «quizás no cumpla con FMVSS XXX».

C) Gravedad

La gravedad es una determinación de la importancia del efecto (relacionado en la columna anterior) del modo de fallo potencial para el montaje siguiente, el conjunto o el cliente. La gravedad se refiere al efecto y únicamente al efecto.

Una reducción del índice del rango de gravedad solo puede efectuarse mediante un cambio de diseño.

La gravedad deberá calcularse sobre una escala de 1 a 10.

Gravedad del efecto - Criterio de evaluación	Rango
Pequeña: No sería razonable esperar que este fallo de pequeña importancia originase efecto real alguno sobre el rendimiento del producto o del sistema. Probablemente, el cliente ni se daría cuenta del fallo.	1
Baja: Rango de baja gravedad debido a que el tipo de fallo originaría únicamente una ligera molestia al cliente. Probablemente el cliente observaría un pequeño deterioro del rendimiento del sistema, del conjunto o del vehículo.	2 3
Moderada: El rango de gravedad moderada se debe a que el fallo origina cierta falta de satisfacción por parte del cliente. El fallo origina incomodidad o molestia al cliente (por ejemplo, en vehículos, petardeo del motor, ruido del compresor, goteo del techo solar). El cliente observará cierto deterioro del rendimiento del subsistema o del vehículo.	4 5 6
Alto: Alto nivel de insatisfacción del cliente debido a la naturaleza del fallo, tal como un vehículo inoperante (por ejemplo, no arranca el motor) o un sistema inoperante de conveniencia (por ejemplo, sistema de aire acondicionado, techo solar eléctrico). No involucra la seguridad del vehículo ni el cumplimiento de las normas gubernamentales.	7 8
Muy alta: Rango de muy alta gravedad cuando una modalidad de fallo potencial afecta el funcionamiento de seguridad del vehículo y/o involucra el incumplimiento de las normas.	9 10

D) Causa(s) potencial(es) de fallo

La causa potencial de fallo se define como indicio de una debilidad del diseño cuya consecuencia es el modo de fallo.

Relacionar con la mayor amplitud posible toda causa de fallo concebible que pueda asignarse a cada modo de fallo.

Las causas deberán relacionarse de la forma más concisa y completa posible para que los esfuerzos de corrección puedan dirigirse a las causas pertinentes.

Entre las causas típicas de fallo podrían citarse las siguientes:

Por torsión especificado, incorrecto	Esfuerzo excesivo
Capacidad de lubricación insuficiente	Sobrecarga
Forma de molde deficiente	Desequilibrio

E) Ocurrencia

Ocurrencia se define como la probabilidad de que una causa específica (relacionada en la columna anterior) dé lugar al modo de fallo. El número de rango de la ocurrencia representa más bien un significado que un valor. La única forma de reducir el rango de ocurrencia es mediante un cambio de diseño que elimine o controle una o más de las causas del modo de fallo.

Criterios de evaluación de la ocurrencia:

Probabilidad de fallo	Ranking	Possible Failure Rates
Remota: Es improbable el fallo. Ningún fallo se asocia a los procesos casi idénticos. Cpk = 1,67	1	< 1 en 10^6 ~
Muy baja: El proceso está bajo control estadístico. La capacidad muestra un Cpk = 1,33. Sólo fallos aislados asociados a procesos casi idénticos.	2	1 en 20 000 ~

Probabilidad de fallo	Ranking	Possible Failure Rates
Baja: El proceso está bajo control estadístico. La capacidad muestra un Cpk> 1,00. Fallos aislados asociados de procesos similares.	3	1 en 4 000 ~
Moderada: Asociada generalmente a procesos similares a previos procesos que han experimentado fallos ocasionales, pero no en grandes proporciones. El proceso está bajo control estadístico con un Cpk = 1,00	4 5 6	1 en 1 000 ~ 1 en 400 1 en 80
Alta: Asociada generalmente a procesos similares a previos procesos que han fallado a menudo. El proceso no está bajo control estadístico.	7	1 en 40
Muy Alta: Fallo casi inevitable.	9 10	1 en 8 1 en 2

F) Verificación del diseño (VD) – Controles actuales

Relacionar todas las VD actuales que se destinen a impedir que ocurre(n) la(s) causa(s) de fallo potencial del diseño o se destinan a detectar la(s) causa(s) de fallo potencial de diseño o el modo de fallo resultante.

Los VD actuales (por ejemplo, en vehículos: pruebas en carretera, revisiones de diseño, estudios matemáticos, pruebas en instalaciones/laboratorios, revisiones de factibilidad, pruebas de prototipos, pruebas de flotillas) son aquellas que han sido utilizadas o se están utilizando con los mismos o similares diseños.

Los rangos iniciales de ocurrencia y detección se basarán en estos controles VD, considerando los representativos de los prototipos y modelos que se estén utilizando.

Los controles VD relacionados deberán corresponderse directamente con la prevención o detección de causas específicas de fallo. Si son necesarias otras VD específicas, tales como las relativas a un diseño radicalmente nuevo, deberán relacionarse en la columna de Acción recomendada.

G) Detección

La detección es una evaluación de la habilidad del programa de diseño propuesto (relacionado en la comuna anterior) para identificar un debilidad potencial del diseño antes de que la pieza o conjunto sea llevada a la producción. Para lograr un rango inferior ha de mejorarse en general el programa de verificación proyectado.

Criterios de evaluación de la detección:

Probabilidad de detección mediante el programa VD	Rango
Muy Alta: El programa VD detectará casi con toda certeza una debilidad potencial del diseño.	1 2
Alta: El programa VD tiene buena oportunidad de detectar una debilidad potencial del diseño.	3 4
Moderada: El programa VD puede detectar una debilidad potencial del diseño.	5 6
Baja: El programa VD es improbable que detecte una debilidad potencial del diseño.	7 8
Muy baja: El programa VD no detectará, probablemente, una debilidad potencial del diseño.	9
Certeza absoluta de no detección: El programa VD no detectará/puede detectar una debilidad potencial de diseño, o no existente programa VD.	10

H) Número de Prioridad de Riesgo (NPR)

El número de prioridad de riesgo es el producto de los rangos de ocurrencia, gravedad y detección. Este valor deberá utilizarse para ordenar en rango los problemas en el diseño (por ejemplo, en forma de Pareto). Los NPR carecen por sí mismos de otro valor o significado. Si el NPR de un modo de fallo llega al valor 100, será automáticamente puesta en marcha la acción correctora correspondiente.

I) Acción(es) recomendada(s)

Una vez que los modos de fallo se han ordenado en rango mediante los NPR, la acción correctora deberá dirigirse, en primer lugar, a los problemas de más alto rango y a elementos críticos.

El propósito de cualquier acción recomendada es reducir uno o todos los rangos de ocurrencia, gravedad y/o detección.

Todo incremento de las medidas de verificación del diseño dará lugar a una reducción del rango de detección solamente.

La reducción del rango de ocurrencia solo puede efectuarse eliminando o controlando una o más de las causas de la modalidad del fallo mediante una revisión del diseño.

Únicamente una revisión del diseño puede aportar una reducción del rango de gravedad. Podrían considerarse acciones tales como las siguientes:

- Diseño de experimentos (especialmente cuando existen causas múltiples o interactivas).
- Plan de prueba revisado.
- Diseño revisado.
- Especificación de material revisado.

Si no se recomiendan acciones para una causa específica, deberá indicarse así.

J) Sector/ingeniero responsable (para la acción recomendada)
Indicar al sector e ingeniero responsable de la acción recomendada, así como la fecha prevista de finalización.

K) Acciones adoptadas
Una vez que se ha llevado a cabo una acción, incorporar una breve descripción de la acción en sí y la fecha efectiva o de finalización.

L) NPR resultante
Una vez que se ha identificado la acción correctora, calcular y registrar los rangos resultantes de ocurrencia, gravedad y detección. Calcular y anotar el NPR resultante. Si no se ha adoptado acción alguna, dejar en blanco la columna de «NPR resultante», así como la del rango correspondiente.

Todos los NPR resultantes deberán ser revisados y si se considera necesaria otra acción, repetir los pasos I a la K.

Seguimiento: el ingeniero de diseño es responsable de asegurar que se han ejecutado o tratado adecuadamente todas las acciones recomendadas.

El AMFE es un documento vigente que deberá reflejar siempre el nivel de diseño más reciente, así como las correspondientes acciones más recientes, incluyendo las que tengan lugar después del lanzamiento del producto 1.

El ingeniero de diseño dispone de varios medios para asegurar la identificación de problemas y la ejecución de las acciones recomendadas. Entre estos medios se incluyen los siguientes:

- Planos y especificaciones de ingeniería: estos muestran los cambios de diseño, las características críticas y los requisitos de prueba del proveedor y/o fabricación.
- Responsabilidad de aprobación de planos de fabricación e instalación: los planos de instalación especifican

tales elementos como pares torsores críticos, secuencias de montaje y posicionamiento de piezas. Comprobar que los planos de instalación tratan los problemas de montaje identificados por el AMFE de diseño.
- Revisión de los AMFE de procesos y de planes de control de fabricación.

A) AMFE de proceso

El modo de operar es el mismo y las columnas y valoraciones siguen el mismo criterio que para el de diseño.

Relacionar cada modo de fallo potencial para la operación en particular por lo que a una característica de la pieza o proceso se refiere. Se supone que el fallo podría ocurrir, si bien no ocurrirá necesariamente.

El ingeniero de procesos deberá poder hacer y contestar las siguientes preguntas:
- ¿Cómo puede fallar la pieza a la hora de cumplir las especificaciones?
- Independientemente de las especificaciones de ingeniería, ¿qué consideraría objetable un cliente (usuario final, actividad consiguiente, montaje o servicio)?

Como modos típicos de fallo podrían citarse los siguientes:

Doblado	Agrietado	Falta orificio	Poroso
Agarrotado	Deformado	Con fugas	Acabado basto
Ampollado	Sucio	Fundido	Cortocircuitado
Rebabado	Descolorido	Mal alineado	Corto/largo
Quebradizo	Deformado	Omitido	Muy ajustado/suelto
Roto	Excéntrico	En circuito ab.	Alabeado
Corroído	Bajo/ Sobremedida	Arrugado	

B) Efecto(s) potencial(es) del fallo

Los efectos potenciales de fallo se describen como los efectos del modo de fallo sobre el (los) cliente(s). El (los) cliente(s) en este contexto podría(n) ser la siguiente operación: operaciones y ubicaciones subsiguientes, el concesionario y/o el propietario del vehículo.

Cada uno de ellos deberá tenerse en cuenta cuando se evalúe el efecto potencial de un fallo.

Describir los efectos del fallo en cuanto a lo que el (los) cliente(s) pudiere(n) observar o experimentar. Para el usuario final, los efectos deberán indicarse siempre en términos de rendimiento del vehículo o de sistema, tales como:

Ruido	Acabado basto
Funcionamiento no uniforme	Requiere esfuerzo excesivo
Inoperante	Olor desagradable
Inestable	Funcionamiento anormal
Funcionamiento intermitente	Corriente de aire
Control anormal del vehículo	Aspecto deficiente

Si el cliente es la siguiente operación u operación(es) ubicación(es) subsiguiente(s), los efectos deberán indicarse en términos de rendimiento de proceso/operación, tales como:

No puede sujetar	No puede alinearse	No encaja
No puede perforar	No puede conectar	No se corresponde
No puede montar	Daña el equipo	Pone en peligro al operador

Si el efecto del fallo pudiese afectar potencialmente el funcionamiento de seguridad del vehículo o el posible incumplimiento de las normas gubernamentales, deberá indicarse así, por ejemplo: «quizás no cumpla con FMVSS XXX».

C) Gravedad

La gravedad es una determinación de la importancia del efecto (relacionado en la columna anterior) del modo de fallo potencial para el cliente. La gravedad se refiere al efecto y únicamente al efecto. Si el cliente afectado de un modo de fallo es la planta de montaje o el propietario del vehículo, la gravedad puede yacer fuera del campo inmediato de experiencia o de conocimiento del ingeniero de procesos. En estos casos se debería consultar el AMFE de diseño, al ingeniero de diseño y/o al ingeniero de procesos de la planta de fabricación o de montaje subsiguiente. La gravedad deberá calcularse sobre una escala de 1 a 10.

Criterios de evaluación:

Gravedad del defecto	Rango
Pequeña: No sería razonable esperar que este fallo de pequeña importancia originase efecto real alguno sobre el rendimiento del vehículo o del sistema o sobre un proceso u operación de montaje subsiguiente. Probablemente el cliente ni se daría cuenta del fallo.	1
Baja: Rango de baja gravedad debido a que el tipo de fallo originaría únicamente una ligera molestia al cliente. Probablemente el cliente observaría un pequeño deterioro del rendimiento del sistema o del vehículo o una ligera inconveniencia con un proceso u operación de montaje subsiguiente, por ejemplo: un pequeño trabajo de retrabajo.	2 3
Moderada: El rango de gravedad moderada se debe a que el fallo origina cierta falta de satisfacción por parte del cliente. El fallo origina incomodidad o molestia al cliente (por ejemplo, petardeo del motor, ruido del compresor, goteo del techo solar). El cliente observará cierto deterioro de rendimiento del subsistema o del vehículo. Puede originar la aplicación de re trabajos no programados, reparaciones y/o daños al equipo.	4 5 6

Gravedad del defecto	Rango
Alta: Alto nivel de insatisfacción del cliente debido a la naturaleza del fallo tal como un vehículo inoperante (por ejemplo, no arranca el motor) o un sistema inoperante de conveniencia (por ejemplo, sistema de aire acondicionado, techo solar eléctrico). No concierne a la seguridad del vehículo ni al incumplimiento de las normas gubernamentales. Puede originar graves trastornos en las operaciones subsiguientes de procesos o montaje, exigir grandes remecanizados o poner en peligro al operador de la máquina o de montaje.	7 8
Muy alta: Rango de muy alta gravedad cuando una modalidad de fallo potencial afecta el funcionamiento de seguridad del vehículo y/o concierne al incumplimiento de las normas gubernamentales.	9 10

D) Causa(s) potencial(es) de fallo

La causa potencial de fallo se define como la forma en que pudiera ocurrir el modo de fallo, describiéndose en términos de algo que puede corregirse o que puede controlarse. Relacionar con la mayor amplitud posible toda causa de fallo concebible que pueda asignarse a cada modo de fallo potencial. Cuando una causa sea exclusiva del modo de fallo, es decir, si la corrección de la causa ejerce un impacto directo sobre el modo de fallo, entonces queda completada esta porción del proceso de la idea del AMFE. Sin embargo, muchas causas no son mutuamente exclusivas y un diseño de experimentos puede considerarse para la corrección o control de la causa, por ejemplo, para determinar qué causas raíces son las principales contribuyentes y cuáles pueden ser controladas con más facilidad. Las causas deberán describirse de forma que los esfuerzos de corrección puedan dirigirse a aquellas causas que sean pertinentes. Entre las causas típicas de fallo podrían citarse las siguientes:

Daño de manipulación	Compuerta / ventilación inadecuada
Termo tratamiento incorrecto	Sujeción, amarre inadecuados
Preparación superficial incorrecta	Lubricación inadecuada o ausente
Preparación incorrecta de utillaje	Velocidades, avances incorrectos
Par torsor incorrecto	Utillaje incorrecto
Corriente/tiempo/presión de soldadura incorrecta	Embalaje inadecuado
Calibración imprecisa	Herramienta desgastada o dañada

Deberán relacionarse solo los errores o funcionamientos defectuosos específicos (por ejemplo, el operario no monta un sello); no deberán usarse causas ambiguas (por ejemplo, error del operario, funcionamiento defectuoso de la máquina).

E) Ocurrencia

Ocurrencia se define como la frecuencia con la que se prevé que ocurra un modo de fallo como consecuencias de una causa especifica (relacionada en la columna anterior). El número de rango de la ocurrencia representa más bien un significado que un valor.

Calcular la probabilidad de la ocurrencia de modos potenciales de fallo sobre una escala de 1 a 10. Para este rango deberán considerarse únicamente los métodos destinados a evitar que ocurra la causa de fallo; en este caso no se consideran medidas de detección de fallos.

Para asegurar consistencia deberá utilizar el siguiente sistema de clasificación de ocurrencias. Los índices de fallo posible se basan en el número de fallos que se anticipan durante la ejecución del proceso.

Si un proceso se halla bajo control estadístico de procesos (CEP) o es similar a un proceso previo bajo CEP, deberán utilizarse entonces los datos estadísticos para determinar el rango de ocurrencia. En todos los demás casos puede realizarse una evaluación subjetiva utilizando las descripciones de palabras de la columna izquierda del cuadro, junto con cualquier dato histórico disponible para procesos similares.

Cuando se emplean datos reales de capacidad de fabricación para calcular el rango de ocurrencia, entonces se precisa considerar si el modo de fallo depende de que una causa queda solo por debajo del límite inferior de la especificación o por encima del límite superior (cuando existen dos límites, por ejemplo, son especificaciones bilaterales). Solo deberán utilizarse cálculos de capacidad pertenecientes a la región correspondiente. Para una descripción detallada de los análisis de capacidad, consúltense publicaciones tales como el manual de la Ford Motor Company titulado *Mejora continua del control y capacidad de procesos*.

Criterios de evaluación

Probabilidad de fallo	Ranking	Possible Failure Rates
Remota: Es improbable el fallo. Ningún fallo se asocia a los procesos casi idénticos. Cpk = 1,67	1	< 1 en 10_6 ~
Muy baja: El proceso está bajo control estadístico. La capacidad muestra un Cpk = 1,33. Solo fallos aislados asociados a procesos casi idénticos.	2	1 en 20 000 ~
Baja: El proceso está bajo control estadístico. La capacidad muestra un Cpk> 1,00. Fallos aislados asociados de procesos similares.	3	1 en 4 000 ~

Probabilidad de fallo	Ranking	Possible Failure Rates
Moderada: Asociada generalmente a procesos similares a previos procesos que han experimentado fallos ocasionales, pero no en grandes proporciones. El proceso está bajo control estadístico con un Cpk = 1,00	4 5 6	1 en 1 000 ~ 1 en 400 1 en 80
Alta: Asociada generalmente a procesos similares a previos procesos que han falla-do a menudo. El proceso no está bajo control estadístico.	7 8	1 en 40 1 en 20
Muy Alta: Fallo casi inevitable.	9 10	1 en 8 1 en 2

F) **Controles actuales**

Los controles actuales son descripciones de los controles que impiden que ocurra el modo de fallo o detectan el modo de fallo si ocurriese. Estos controles pueden ser controles de proceso, tales como seguridad de dispositivos o control estadístico de procesos (CEP) o pueden ser la inspección/verificación puede ocurrir en la operación objeto o en operaciones subsiguientes que puedan detectar el modo de fallo objeto.

G) **Detección**

La detección es una evaluación de la probabilidad de que el proceso propuesto (relacionado en la columna anterior) detecte el modo de fallo antes de que la pieza o componente salga del lugar de fabricación o montaje. Se utiliza una escala de 1 a 10. Asumir que ha ocurrido el fallo y, acto seguido, evaluar las capacidades de todos los controles actuales para impedir el envío de la pieza que haya sufrido este modo de fallo o defecto. No presumir automáticamente que el rango de detección es bajo porque la ocurrencia es baja (por ejemplo, cuando se utilizan gráficos de control), sino evaluar de hecho la habilidad de los controles del proceso para detectar modos de fallo de baja frecuencia o impedir que avancen más en el proceso. Las verificaciones aleatorias del control de calidad es improbable que detecten la existencia de un defecto aislado y, por consiguiente, no darían lugar a un cambio visible del rango de detección. El muestreo realizado bajo una base estadística constituye un control válido de detección.

Criterios de evaluación

Probabilidad de que sea detectada por controles la existencia de un defecto antes del siguiente o subsiguiente proceso o antes de que la pieza o componente salga del lugar de fabricación o montaje	Rango
Muy alta: Los controles detectarán casi con toda certeza la existencia de un defecto. (El proceso detecta automáticamente el fallo.)	1 2
Alta: Los controles tienen buena oportunidad de detectar la existencia de un defecto.	3
Moderada: Los controles pueden detectar la existencia de un defecto.	4 5 6
Baja: Los controles tienen poca oportunidad de detectar la existencia de un defecto.	7 8
Muy baja: Los controles no detectarán, probablemente, la existencia de un defecto.	9
Certeza absoluta de no detección: Los controles no detectarán / pueden detectar la existencia de un defecto.	10

H) Número de prioridad de riesgo (NPR)

El número de prioridad de riesgo es el producto de los rangos de ocurrencia, gravedad y detección. Este valor deberá utilizarse para ordenar en rango los problemas en el proceso (por ejemplo, en forma de modo Pareto). Los NPR carecen por sí mismos de otro valor o significado.

I) Accion(es) recomendada(s)

Una vez que los modos de fallo se han ordenado en rango mediante NPR, la acción correctora deberá dirigirse, en primer lugar, a los problemas de más alto rango y a elementos críticos. Si, por ejemplo, las causas no son mutuamente exclusivas, una acción recomendada (como ya se ha observado anteriormente) podría ser un diseño de experimentos (por ejemplo, método Taguchi). El propósito de cualquier acción recomendada es reducir los rangos de ocurrencia, gravedad o detección. Si no se recomiendan acciones para una causa específica, deberá indicarse así.

En todos los casos en los que el efecto de un modo de fallo potencial identificado pudiere constituir un riesgo para el personal de fabricación/montaje, deberán adoptarse acciones correctoras para evitar el modo de fallo, eliminando o controlando la(s) causa(s), o deberá especificarse una protección adecuada para los operarios.

Nunca se insistirá lo suficiente sobre la necesidad de aplicar acciones correctoras específicas y positivas con ventajas cuantificables, recomendando acciones a oras actividades y realizando el seguimiento de todas las recomendaciones. Un AMFE de procesos pensado a fondo y bien desarrollado será de valor limitado sin acciones correctoras positivas y eficaces. Todas las actividades afectadas tienen la responsabilidad de llevar a cabo programas eficaces de seguimiento para tratar todas las recomendaciones.

Deberían considerarse acciones tales como las siguientes:
- Se precisan revisiones del proceso o diseño para reducir la probabilidad de ocurrencia. Se podría realizar un estudio de proceso orientado a la acción, mediante métodos estadísticos, proporcionando a las actividades correspondientes un flujo permanente de información para mejora incesante y eliminación de defectos.
- Solo una revisión de diseño puede adoptar una disminución del rango de gravedad.
- Se precisan previsiones del proceso o diseño para aumentar la probabilidad de detección. Por regla general, la mejora de los controles de detección resulta costosa e ineficaz para la mejora de la calidad.

El aumento de la frecuencia de inspección del control de calidad no constituye una acción correctora positiva y solo debería utilizarse como último recurso no medio provisional. En algunos casos, puede precisarse un cambio de diseño en una pieza específica para contribuir a la detección.

Para incrementar esta probabilidad, pueden incorporarse cambios en el sistema de control actual. Sin embargo, debe hacerse hincapié en la prevención de defectos (es decir, en la prevención de su ocurrencia) más que en la detección de los mismos. Como ejemplo podría citarse el control estadístico de proceso y la mejora de proceso, más que el muestreo aleatorio o un 100 % de inspección.

J) Sector/Ingeniero responsable (para la acción recomendada)

Indica el sector e ingeniero responsable de la acción recomendada, así como también la fecha prevista de finalización.

K) Acciones adoptadas

Una vez que se ha llevado a cabo una acción, incorporar una breve descripción de la acción en sí y la fecha efectiva o de finalización.

L) NPR resultante

Una vez que se ha identificado la acción correctora, calcular y registrar los rangos resultantes de ocurrencia, gravedad y detección. Calcular y anotar el NPR resultante. Si no se ha adoptado acción alguna, dejar en blanco la columna de «NPR resultante», así como la del rango correspondiente.

Todos los NPR resultantes deberán ser revisados y si se considera necesaria otra acción, repetir los pasos.

Seguimiento: el ingeniero de diseño es responsable de asegurar que se han ejecutado o tratado adecuadamente todas las acciones recomendadas. El AMFE es un documento viviente que deberá reflejar siempre el nivel de diseño más reciente, así como las correspondientes acciones más recientes, incluyendo las que tengan lugar después del lanzamiento del producto.

ANALISIS MODAL DE FALLO POTENCIAL Y SUS EFECTOS
(AMFE DE DISEÑO)

Subsistema/Nombre _____
Referencia _____
Responsabilidad de diseño _____
Otros sectores involucrados _____

Proveedores y plantas afectados _____
Año del modelo / vehículo(s) _____
Fecha programada de lanzamiento _____

Fecha plano _____
Preparado por _____
Fecha del AMFE (Orig.) _____ (Rev.) _____

Página _____ de _____

Nombre y Referencia de la pieza	Función de la pieza	Modalidad de fallo potencial	Efecto(s) potencial(es) del fallo	G	Causa(s) potencial(es) de fallo	O	Controles actuales	D	N P R	Acción(es) recomendada(s)	Sector/individuo responsable y fecha de finalización	Resultados de la acción				
												Acciones adoptadas	G	O	D	N P R

DNI-04.403.02

ANALISIS MODAL DE FALLO POTENCIAL Y SUS EFECTOS
(AMFE DE PROCESOS)

Denominación pieza _____
Referencia pieza _____
Responsabilidad de diseño _____
Otros sectores involucrados _____

Proveedores y plantas afectados _____
Año del modelo / vehículo(s) _____
Fecha programada de lanzamiento _____

Fecha plano _____
Preparado por _____
Fecha del AMFE (Orig.) _____ (Rev.) _____

Página _____ de _____

DR/E.04.403-01

Descripción del proceso / Propósito del proceso	Modalidad de fallo potencial	Efecto(s) potencial(es) del fallo	G	Causa(s) potencial(es) de fallo	O	Controles actuales	D	G	O	D	N	Acción(es) recomendada(s)	Sector/Individuo responsable y fecha de finalización	Resultados de la acción				
														Acciones adoptadas	G	O	D	N

6.16. KANBAN

Es un sistema que toma como principio el concepto *pull* para un modo visual de determinar qué, cuándo y cuánto hay que producir. El nombre *kanban* es de origen japonés y se traduce como «tarjeta de señal». En cualquier caso, es una indicación o señal de una acción.

Cuando pienso en Kanban, me viene a la memoria la historia de aquellos dos personajes a quienes el genio de la lámpara les concede un deseo de riquezas según su petición. El primero pidió una fortuna inmensa y el genio se la concedió. El segundo pidió que, gastara lo que gastara y en cualquier momento, le quedará siempre una moneda en el bolsillo.

Este símil viene a diferenciar los dos modelos de gestión de materiales. El primero consiste en acumular y que hay que controlar, guardar y proteger. El segundo corresponde a un proceso Pull: tener en todo momento la cantidad justa y necesaria sin *sobre*stocks ni almacenajes ni acumulaciones.

Este último caso es el Kanban. La gestión es un proceso en cadena que lo inicia, una petición del cliente y, como una ficha de dominó que empuja a la otra, va pidiendo a las fases anteriores la reposición de las cantidades establecidas para cada nivel del proceso.

La tarjeta o señal equivale al golpe de la ficha y es la orden, a la fase precedente, de realizar un proceso en la cantidad de reposición que se le solicita.

Es, pues, un flujo que se inicia desde el almacén de producto acabado y remonta el proceso hacia el inicio, determinando qué y cuánto hay que producir para reponer el consumo realizado por los clientes y cuándo es el momento de que cada puesto o fase recibe la tarjeta o señal. Como final, el flujo vuelve al sentido normal cuando va avanzando, reponiendo los stocks.

Este proceso ha de continuar hasta los proveedores que repondrán en los almacenes los consumos que hemos realizado.
Para establecer un Kanban precisamos:
- Conocer y visualizar el proceso y su flujo, fijando los puntos o áreas relevantes del proceso, que a su vez son los puntos de control.
- Fijar para cada área el *stock* máximo para asegurar la reposición de las fases posteriores cuando la solicitan. Este stock se fijará en función del estado del proceso:
  - fiabilidad
  - calidad
  - *lead time*
  - capacidad de respuesta
  - flexibilidad, etc.

  La reducción del stock vendrá dada por la capacidad de mejora del proceso en todos sus ámbitos.
- Establecer el volumen o unidad de movimiento de materiales y productos:
  - unidades
  - cajas
  - lotes
- Fijar las reglas operativas para el funcionamiento del proceso Kanban estandarizándolo.
- Establecer el sistema de señales para la comunicación y el orden del sistema:
  - tarjetas
  - etiquetas
  - sistema electrónico, etc.

Las tarjetas o etiquetas *kanban,* o el sistema que establezcamos ha de fijar:
- código de producto
- fase
- cantidad de transferencia
- punto de origen

- punto de destino
- otros datos relevantes
- códigos de barras
- número de tarjeta o señal, etc.

La tarjeta o señal, cuando el contenido al que da referencia y control es usado o consumido, se ha de pasar al puesto o área precedente, para que sea repuesta en la cantidad y la calidad definida. La tarjeta o señal es una orden de fabricación o pedido para la fase anterior o proveedor. Las tarjetas han de tener numeración, estar inventariadas y controladas, ya que si se pierden o desaparecen, puede ocasionar problemas de suministro en el flujo.

La aplicación del Kanban es progresiva e incremental, y precisa de ajustes y mejoras constantes para reducir el volumen de stocks.

El sistema puede tener diferentes formas o modelos, pero siempre visuales; desde estanterías dinámicas con puntos de pedido de reaprovisionamiento cuando el volumen llega a un punto que genera una alarma, sistemas de *racks* o embalajes específicos que se comportan como tarjetas o avisos de reposición, etc. Un ejemplo del sistema lo vemos todos los días en los supermercados, donde en función de los consumos detectados en las cajas de pago, un equipo repone las estanterías que se van consumiendo.

Kanban es pues una herramienta y, a su vez, un resultado de la mejora.

6.17. OTRAS HERRAMIENTAS

Esta es una relación y pequeña descripción de herramientas que se utilizan para el análisis, la gestión de datos, organización de información, prevención y diagnóstico, en apoyo de la gestión y de la mejora continua.

El uso en algunos casos es continuo y bien conocido; en otros casos, no es tan utilizado y menos conocido.

En cualquier caso, tanto las descritas en los puntos anteriores como estas u otras que existan o puedan crearse a medida, persiguen la mejora de la gestión y el logro en última instancia de estándares de calidad total o de excelencia, que, medidos o denominados con cualquiera de los nombres o etiquetas que se les pongan (ya sea Lean, Six Sigma, etc.), solo pueden perseguir una evolución constante y una superación de los límites. Esto redundará en beneficios económicos, sociales y medioambientales al promover, por una parte, la necesidad de menos recursos naturales, energéticos y otros por la optimización de los procesos y la reducción de mermas, rechazos y retrabajos. Por otra parte, todas estas herramientas promueven el trabajo en equipo, la integración de todos los niveles de la empresa, lo que aporta crecimiento personal, integración y motivación y el factor final es consecuencia de estos, puesto que los beneficios económicos serán una consecuencia lógica del buen hacer y de los resultados positivos de la excelencia, la calidad total, la productividad y el compromiso.

Las herramientas que a continuación detallo se pueden distinguir en dos grandes grupos:
- estadísticas
- análisis

6.17.1. Estadísticas (controles estadísticos de procesos)
- **Gráficos X-R:** Excelente herramienta para mejorar la calidad del producto por su principio de prevención, tendencia y predicción.
  Controla la variación de un proceso en:
  ○ variación de la propia pieza

- variación de la pieza respecto de otras
- variación en el tiempo

X: Cálculo de la media
R: Recorrido de cada muestra.
Cada gráfico controla un valor o característica importante o crítica.

- **Capacidad de un proceso Cpk:** es una propiedad, característica crítica o importante, medible de un proceso que puede valorarse por medio de un índice de capacidad del proceso, respecto de la repetitividad del valor. El resultado de este valor suele representarse como un histograma que permite calcular cuantos componentes serán producidos fuera de los límites establecidos.
- **Diseños de experimentos:** modelo estadístico, cuyo objetivo es averiguar si unos determinados factores influyen en la variable de interés y si existe influencia de algún factor para cuantificarla.
- **Histograma datos (de efectos y fallos):** agrupación estadística de una variable en forma de campana de Gaus, que contiene los límites inferior, superior y tendencia central. El tamaño de cada barra es proporcional a la frecuencia de los valores representados.
- Gráfica evolutiva o de comportamiento representación gráfica de un valor en el tiempo, en que este ocurre y con una frecuencia de toma de datos determinada. Nos proporciona una evolución o tendencia de un valor o variable.
- **Diagrama de Pareto:** variable del diagrama abc es una representación gráfica en dos ejes, X-Y, de los datos de un problema para evaluar los de mayor importancia. Ejemplo: causas de paro de una máquina y tiempo total durante un periodo para cada una de las causas ordenadas de mayor a menor y graficadas.

Pocas causas serán responsables del 80 % del problema, por tanto las que han de ser objeto de mejora prioritaria son de dos tipos:
  - de fenómenos
  - de causas
- **Gráfico de radar o de araña:** representación gráfica de un conjunto de variables, objetivos, conceptos, etc. con valores óptimos alcanzables o deseados, y los realmente obtenidos y reales. El gráfico consiste en una serie de radios (tantos como variables) que, partiendo del centro o valor cero, se abren hasta el extremo de un círculo teórico que forman los valores máximos esperados. Estos radios están sectorizados con valores intermedios (escala de 0 a 10 o escala del 0 % al 100 %, etc.). En estos se señala el valor real obtenido. La unión de estos puntos entre sí define el nivel global del logro obtenido y el espacio hasta el exterior, el nivel de satisfacción no alcanzado y los aspectos y variables mejor posicionados y los que no.
- **Diagrama de distribución:** análisis que dibuja pares relacionados de dos variables situados en ejes, X-Y, respectivamente y que analizan si existe un patrón de relación respecto de un aspecto. Las herramientas de análisis o de sistemas son las que, en origen, no contienen tratamientos estadísticos o de contenido matemático o numérico, aunque en su desarrollo posterior o como parte de su proceso estas sean básicas y fundamentales.

6.17.2. De análisis

- **DMAIC:** herramienta enfocada a la mejora incremental de los procesos. Sigue un ciclo similar al del modelo Deming o para un 8D, pero haciendo o profundizando más en los valores medibles y estadísticos.

Los pasos fundamentales son:
- *Definir*: definir problema y objetivo.
- *Medir*: crear elementos que permitan medir, evaluar las variables del problema.
- *Analizar*: analizar resultados de las mediciones.
- *Mejorar*: según resultados, aplicar las medidas precisas.
- *Controlar*: controlar y medir la bondad de las mejoras.

Como en el ciclo Deming, el ciclo vuelve a empezar.
Para cada uno de estos pasos se utilizan las herramientas definidas en este apartado 6., tanto estadísticas como de análisis para la definición del problema.

- **Análisis campo de fuerzas**: herramienta de ayuda en los procesos de cambio donde se modela el camino como una serie de fuerzas o vectores diferentes entre sí y en el tiempo que compiten oponiéndose.
Fuerzas impulsoras (*drivingforces*).
Fuerzas restringentes (*restrainingforces*).
Se emplea cuando se prevé un cambio significativo.

- **Diagrama de afinidad**: esta herramienta tiene como objetivo sistematizar, organizar, agrupar y categorizar grandes cantidades de información de tipo Verbal (ideas, opiniones, temas, experiencias, datos, expresiones, etc.) que, en general, proceden de una encuesta de un trabajo de taller o de un *brainstorming*. El proceso consiste en agrupar toda la información según aspectos afines, ya sean por función, por operación u otros que las identifiquen. Este conjunto de información puede finalmente bajo unas pocas ideas generales.
Para facilitar esta tarea, se anota cada idea o concepto en un *post-it* y el grupo de trabajo las va agrupando en los diferentes apartados que ya se han definido

con anterioridad o los que van apareciendo durante el proceso.
- **Diagrama de interrelación (relación):** representación visual gráfica de las relaciones y conexiones que existan entre diferentes factores en secuencias de pares causa-efecto, de modo que se obtiene un esquema multidireccional y lógico en el que se puedan apreciar cómo cada uno de los factores puede estar conectado con el resto de factores a la vez. Nos permitirá, mediante este análisis, apreciar de forma sencilla los ítems o factores más importantes para hallar causas y efectos determinantes de más entidad en un problema o mejora analizada.
- **Diagrama de árbol:** herramienta para analizar sistemáticamente sobre cada aspecto hacia la solución de un problema o para alcanzar un objetivo. Para generar las acciones necesarias para lograr un objetivo y se produce en modo secuencial incrementando el grado de detalle. Partimos de un objetivo o idea genérica y en algunos casos abstracta y esta se desgrana en conceptos cada vez más concretos y definidos tanto en el qué, cuándo, cómo, etc. y de cuyo logro conjunto se espera el resultado final.

Un ejemplo es el de la definición de objetivos en una empresa que puede tener «mejora la rentabilidad en equis por ciento», este objetivo genérico que procede del órgano superior, se traducirá en objetivos para las diferentes áreas de la compañía comercial, finanzas industrial y en cada una de estas áreas se concretarán las acciones generales que les correspondan hasta ir bajando al nivel de acciones concretas, valoradas, en el tiempo, en la forma y en los responsables.

Sobre el autor

José María Arcas posee más de treinta años de experiencia desarrollando su actividad en el área de operaciones de empresas multinacionales de la automación del primer nivel (TIER 1).

Ha ocupado posiciones directivas siendo responsable de proyectos de reingeniería y mejora de la competitividad, todos ellos aplicando los principios Lean Manufacturing.

Ha creado y dirigido equipos de mejora de la productividad y la eficiencia organizativa

Es una persona que aporta una amplia experiencia en la consecución de resultados en entornos complejos y con alta resistencia al cambio.

Sobre Ultra Lean Process

Somos un equipo de profesionales expertos, orientados a resultados, comprometidos con la mejora de todos los procesos de la empresa, con el objeto de lograr la mejora de la competitividad de modo exponencial de nuestros clientes.

Creemos que la mejora de la competitividad no ha de ser traumática y que ha de contar con todos los estamentos de la empresa, trabajando en torno a una metodología y unas herramientas de mejora que permitan la participación y el compromiso de todo el personal, tanto directo como indirecto. Esta metodología permite aplicaciones y mejoras rápidas, además del compromiso de todos los implicados.

www.ingramcontent.com/pod-product-compliance
Lightning Source LLC
Chambersburg PA
CBHW071413180526
45170CB00001B/90